www.kiehl.de

Kaufleute für Groß- und Außenhandelsmanagement: Das Fallbezogene Fachgespräch – klassische Variante

50 Prüfungsaufgaben mit Lösungen

Von
Dipl.-Hdl. Erwin Bauschmann

3., aktualisierte Auflage

kiehl

ISBN 978-3-470-**10053**-1 · 3., aktualisierte Auflage 2023

www.kiehl.de

Kiehl ist eine Marke des NWB Verlags

Satz: SATZ-ART Prepress & Publishing GmbH, Bochum
Druck: Elanders Waiblingen GmbH, Waiblingen

Bauschmann
Kaufleute für Groß- und Außenhandelsmanagement:
Das Fallbezogene Fachgespräch – klassische Variante

Zusätzliche digitale Inhalte für Sie!

Dieses Buch bietet Ihnen mehr als nur eine gedruckte Version! Nutzen Sie die folgenden Möglichkeiten, die Ihnen für dieses Produkt auf mein.kiehl.de zur Verfügung stehen.

Online-Version

Sie haben das gedruckte Exemplar Ihres Buches nicht zur Hand oder möchten etwas schnell recherchieren? Dann nutzen Sie die Online-Version Ihres Buches. Diese steht Ihnen nach Eingabe des folgenden Freischaltcodes direkt zur Verfügung.

Zusatz-Downloads

Weitere nützliche oder ergänzende Inhalte, wie z. B. Checklisten oder Kontenrahmen, stehen als Download zur Verfügung.

Schalten Sie sich Ihre digitalen Mehrwerte direkt frei:

Scannen Sie den QR-Code **oder** rufen Sie die Seite mein.kiehl.de auf.
Geben Sie den Freischaltcode ein und folgen Sie dem Anmeldedialog. Fertig!

Ihr Freischaltcode

BJHT-YCVX-PBTK-LAPS-KOGW-LJ

Vorwort

Die Änderungen der Ausbildungsordnung der Kaufleute für Groß- und Außenhandelsmanagement haben die Struktur der Prüfung ebenso verändert wie auch Inhalte der Prüfungsbereiche. Das gilt auch für die mündliche Abschlussprüfung.

Auszubildende, die ihrer Prüfung entgegensehen, haben nun die Wahl zwischen der „Klassischen Variante“ und der „Reportvariante“. Sie haben die „Klassische Variante“ gewählt und mit diesem Buch wollen wir Ihnen helfen, dass Sie auch diesen Abschnitt Ihrer Abschlussprüfung erfolgreich bewältigen.

Dieses Buch enthält Vorschläge für „Fallbezogene Fachgespräche“. Auszubildenden bietet es Trainingsmaterial, um sich in Eigenarbeit vorzubereiten oder in Partnerarbeit ein „Fallbezogenes Fachgespräch“ zu simulieren. Ein Partner bzw. eine Partnerin arbeitet die Leitfragen durch und trägt die eigenen Überlegungen hierzu vor. Die zweite Person fragt nach, stellt klar, bittet um Verdeutlichung, wendet ein oder fasst zusammen – und schon entstehen zwischen beiden die schönsten Fachgespräche.

Prüfern und Prüferinnen möge dieser Band Anregungen für ihre eigenen Prüfungsvorschläge bieten.

Als kleine Unterstützung finden Sie über den folgenden QR-Code zum Thema passende Beiträge aus unserer Zeitschrift „Die Kaufleute für Groß- und Außenhandelsmanagement“:

Achtung: das Online-Material wird bei Bedarf aktualisiert. Also schauen Sie öfter mal vorbei!

Verlag und Verfasser wünschen Ihnen eine effektive Vorbereitung und viel Erfolg für Ihre Abschlussprüfung.

Erwin Bauschmann
Kempen, im Frühjahr 2023

Benutzungshinweise

Diese Symbole erleichtern Ihnen die Arbeit mit diesem Buch:

TIPP

Nützliche Hinweise und Tipps rund um das ausgeführte Thema.

MERKE

Wichtige Merksätze oder relevante Definitionen.

ACHTUNG

Beachtenswertes, wie z. B. Fehler, die immer wieder vorkommen, typische Stolpersteine oder wichtige Ausnahmen.

INFO

Weitere interessante Zusatz- und Hintergrundinformationen zum Thema.

RECHTSGRUNDLAGEN

Rechtliche Grundlagen, wie z. B. Gesetzestexte oder Rechtsprechungen.

MEDIEN

Hinweis auf ergänzende Medien, wie z. B. Zusatzmaterialien und Audiodateien, die (teils zum Download) kostenfrei auf mein.kiehl.de zur Verfügung stehen.

Hinweis

Aus Gründen der besseren Lesbarkeit verzichten wir auf die gleichzeitige Verwendung der Sprachformen männlich, weiblich und divers (m/w/d). Sämtliche Personenbezeichnungen gelten gleichermaßen für alle Geschlechter.

Feedbackhinweis

Kein Produkt ist so gut, dass es nicht noch verbessert werden könnte. Ihre Meinung ist uns wichtig. Was gefällt Ihnen gut? Was können wir in Ihren Augen verbessern? Bitte schreiben Sie einfach eine E-Mail an: **feedback@kiehl.de**

1. Die Berufsabschlussprüfung

1.1 Rechtliche Grundlagen

Gesetzliche Grundlage einer Berufsausbildung ist das **Berufsbildungsgesetz (BBiG)**. Für anerkannte Ausbildungsberufe erlässt das Bundesministerium für Wirtschaft und Klimaschutz in Abstimmung mit dem Bundesministerium für Bildung und Forschung und nach Beteiligung der Spitzenverbände der Sozialpartner eine **Ausbildungsordnung (AO)**, die u. a. Folgendes regelt:

- **Bezeichnung des Ausbildungsberufs**

  Die hierin festgelegte Berufsbezeichnung wird im Ausbildungsvertrag zwischen ausbildenden Unternehmen (= Ausbildenden) und Auszubildenden übernommen. Ebenfalls im Ausbildungsvertrag muss die Fachrichtung vereinbart sein, in der die Ausbildung erfolgt:

  - Kauffrau/Kaufmann für Groß- und Außenhandelsmanagement **Fachrichtung Großhandel**
  - Kauffrau/Kaufmann für Groß- und Außenhandelsmanagement **Fachrichtung Außenhandel**

- **Ausbildungsdauer**

  Die Ausbildung in einem anerkannten Ausbildungsberuf muss mindestens zwei Jahre dauern. Die Ausbildung der Kaufleute für Groß- und Außenhandelsmanagement umfasst wie die meisten Ausbildungsberufe eine Regelausbildungsdauer von drei Jahren. Erfüllen Auszubildende bestimmte Voraussetzungen, kann eine verkürzte Ausbildungsdauer vereinbart werden, allerdings nicht unter einer Mindestdauer von zwei Jahren.

  Eine verkürzte Ausbildungsdauer ist nicht zu verwechseln mit einer vorzeitigen Zulassung zur Abschlussprüfung Teil 2, die bei jeder Ausbildungsdauer möglich ist, wenn bestimmte Leistungsvoraussetzungen erfüllt sind. Dann kann auf Antrag der/des Auszubildenden, sofern Ausbildende und Berufsschule ihn befürworten, die Abschlussprüfung Teil 2 um einen Termin vorgezogen werden. Wessen Ausbildung z. B. im Sommer 2024 endet, könnte bereits in der Winterprüfung 2023 den zweiten Teil seiner Abschlussprüfung ablegen. Die IHK legt dafür Anmeldetermine fest, die unbedingt zu beachten sind.

- **Ausbildungsberufsbild**

  Jede Ausbildung hat zum Ziel, dass Auszubildende berufliche Handlungskompetenz erlangen. Das Berufsbild benennt die Fertigkeiten, Tätigkeiten und Kenntnisse, die Auszubildende während ihrer Ausbildung erwerben müssen.

- **Ausbildungsrahmenplan**

  Im Ausbildungsrahmenplan ist die zeitliche und sachliche Reihenfolge der Ausbildungsinhalte festgelegt. Er ist auf die Regelausbildungsdauer ausgerichtet, sodass Auszubildende mit verkürzter Ausbildungsdauer und Auszubildende, die vorzeitig zur Abschlussprüfung zugelassen sind, mit Abweichungen hinsichtlich der zeitlichen Gliederung ihrer Ausbildung rechnen müssen. Der Ausbildungsrahmenplan setzt die Orientierungspunkte für den betrieblichen Ausbildungsplan.

Aktuell gilt die Ausbildungsordnung vom 19.03.2020, die auch Ihrer Prüfung zugrunde liegen wird.

1.2 Prüfungsstruktur und Bestehensbedingungen

Die Ausbildung endet mit der Abschlussprüfung, die vier schriftliche Prüfungsbereiche und einen mündlichen Prüfungsbereich umfasst. Die Abschlussprüfung wird gestreckt durchgeführt:

Prüfungsteil	Prüfungsbereiche	Prüfungsdauer	Anteil
I	Organisieren des Warensortiments und von Dienstleistungen	90 Min.	25 %
II	Kaufmännische Steuerung von Geschäftsprozessen	60 Min.	15 %
	Prozessorientierte Organisation von Großhandelsgeschäften	120 Min.	30 %
	Wirtschafts- und Sozialkunde	60 Min.	10 %
	Mündliche Prüfung, wahlweise als Fallbezogenes Fachgespräch in **klassischer Form** oder als **Report**	30 Min.	20 %

Beim mündlichen Teil der Abschlussprüfung stehen Ihnen zwei Varianten zur Auswahl. Entweder entscheiden Sie sich für das **klassische Fallbezogene Fachgespräch**, dann schlägt Ihnen der Prüfungsausschuss zwei Vorschläge mit zwei praxisbezogenen Aufgaben aus unterschiedlichen Prüfungsgebieten vor. Sie lesen beide Vorschläge durch und wählen einen davon aus. Der gewählte Vorschlag ist dann Gegenstand des Fachgesprächs. Sie können sich aber stattdessen auch für die neue **Reportvariante** entscheiden. Hierbei fertigen Sie zwei Reporte über zwei eigenständig im Unternehmen bearbeitete praxisbezogene Fachaufgaben aus unterschiedlichen Prüfungsbereichen an. Der Prüfungsausschuss wählt dann einen der beiden Reporte für das Fallbezogene Fachgespräch aus. In dem Gespräch müssten Sie darlegen können,

- wie die Aufgabenstellung lautete, die im Unternehmen seinerzeit anstand
- welches die Zielsetzung der Bearbeitung war
- wie die Planung und das Vorgehen bei der Problemlösung waren
- dass Sie den Prozess, der zu dem Ergebnis führte, reflektieren können.

Wichtig: Bewertet wird das Prüfungsgespräch, nicht der Report!

Die Abschlussprüfung ist bestanden, wenn

- das Gesamtergebnis (Teil I + Teil II) mindestens ausreichend ausfällt **und**
- der gewichtete Durchschnitt von Teil II mindestens ausreichend ist **und**
- mindestens drei Prüfungsbereiche aus Teil II mindestens ausreichend sind **und**
- kein Prüfungsbereich aus Teil II als ungenügend bewertet worden ist.

1.3 Themen des Prüfungsbereichs Fallbezogenes Fachgespräch im 2. Teil der Abschlussprüfung

In diesem Prüfungsbereich weisen Sie nach, dass Sie

Fachrichtung Außenhandel	Fachrichtung Großhandel
► berufstypische Aufgabenstellungen erfassen können ► Probleme und Vorgehensweisen erörtern können ► Lösungswege unter Anwendung internationaler Berufskompetenz entwickeln und begründen können ► Geschäftsgespräche kunden-, service- und prozessorientiert führen und auswerten und dabei Waren-, Dienstleistungs- und Fachkenntnisse anwenden können ► praxisbezogene Aufgaben planen, durchführen, steuern und auswerten können und dabei wirtschaftliche und ökologische Zusammenhänge erkennen und rechtliche Zusammenhänge beachten.	► berufstypische Aufgabenstellungen erfassen können ► Probleme und Vorgehensweisen erörtern können ► Lösungswege entwickeln und begründen können ► Geschäftsgespräche kunden-, service- und prozessorientiert führen und auswerten und dabei Waren-, Dienstleistungs- und Fachkenntnisse anwenden können ► praxisbezogene Aufgaben planen, durchführen, steuern und auswerten können und dabei wirtschaftliche und ökologische Zusammenhänge erkennen und rechtliche Zusammenhänge beachten.

Das klingt nicht nur anspruchsvoll, das ist es auch! Aber keine Panik: All das haben Sie während Ihrer Ausbildung schrittweise gelernt und sich angeeignet. Diese Fähigkeiten und Kompetenzen weisen Sie im Fallbezogenen Fachgespräch nach, dem folgende Gebiete zugrunde liegen:

Fachrichtung Außenhandel	Fachrichtung Großhandel
1. Internationaler Handel und Auslandsmärkte	1. Verkauf und Distribution
2. Warensortiment und Marketing	
3. Einkauf und Beschaffungslogistik	

1.4 Ablauf des Fallbezogenen Fachgesprächs

Die zuständige IHK lädt alle Auszubildenden, die zur Prüfung angemeldet waren, rechtzeitig zum Fallbezogenen Fachgespräch ein und teilt ihnen Zeitpunkt und Ort der Prüfung mit. Normalerweise findet der mündliche Prüfungsteil ab ca. vier Wochen nach dem schriftlichen Teil statt und nachdem die Ergebnisse des schriftlichen Teils bekannt gegeben sind. Eine Ausnahme bildete das Pandemiejahr 2020, in dem die Termine der schriftlichen Prüfungen verschoben werden und die mündlichen Prüfungen vor den schriftlichen Prüfungen stattfinden mussten.

In der Einladung zum Fallbezogenen Fachgespräch findet sich auch der Hinweis, dass die zu Prüfenden ca. 15 - 20 Minuten vor der Prüfungszeit anwesend sein sollen, da jedem Prüfling, der die klassische Variante gewählt hat, vor Beginn des Fachgesprächs eine angemessene kurze Vorbereitungszeit zur Verfügung stehen soll. Das heißt aber auch, wer zu knapp erscheint, hat entsprechend weniger Zeit zur Vorbereitung.

Die Auszubildenden, die zur Prüfung erschienen sind, erhalten jeweils zwei Prüfungsvorschläge ausgehändigt (z. B. in der Form eines Vordrucks, wie er im Anhang unter Ziffer 1 abgebildet ist). Die Vorbereitungszeit nutzt der Prüfling, um sich mit den in den beiden Prüfungsvorschlägen gestellten Leitfragen auseinanderzusetzen, sich für einen Vorschlag zu entscheiden und seine Lösungsstrategie zu entwickeln.

Bevor der Prüfungsausschuss einem Prüfling die beiden Vorschläge aushändigt, überzeugt er sich von der Identität des Prüflings (z. B., indem er sich den Personalausweis vorlegen lässt, wenn ihm die Person nicht persönlich bekannt ist). Hat er sich von der Identität überzeugt, wird er den Prüfling fragen, ob er gesundheitlich in der Lage sei, die Prüfung abzulegen. Wird dies verneint, muss die betreffende Person unverzüglich einen Arzt aufsuchen und der IHK ein Attest einreichen. In diesem Fall bleibt es ohne Folgen, dass das Fachgespräch nicht absolviert wurde. Es wird zum nächsten Prüfungstermin nachgeholt. Wird das Attest nicht zeitnah vorgelegt oder werden erst im Verlauf des Prüfungsgesprächs gesundheitliche Probleme genannt, weshalb die Prüfung nicht fortgesetzt werden könne, gilt das Fallbezogene Fachgespräch als nicht bestanden. Sieht sich der Prüfling hingegen in der Lage, das Fachgespräch zu absolvieren, kann die Prüfung wie geplant stattfinden. Im Anschluss nimmt der Prüfungsausschuss das Mobiltelefon des Prüflings in Verwahrung.

Ist die Vorbereitungszeit vorüber, holt ein Prüfungsausschussmitglied den Prüfling aus dem Vorbereitungsraum ab und begleitet ihn zum Prüfungsraum. Dort machen sich beide Seiten namentlich bekannt und das Prüfungsgespräch kann beginnen.

Ist das Prüfungsgespräch zu Ende, verlässt der Prüfling den Prüfungsraum und der Prüfungsausschuss berät sich. Das Ergebnis der Beratung wird im Protokoll dokumentiert, das Prüfungsergebnis für diesen Prüfungsbereich und für die Prüfung insgesamt ermittelt und mit Punktzahl und Note in den Prüfungsunterlagen festgehalten. Anschließend wird dem Prüfling das Ergebnis mitgeteilt. Gegebenenfalls muss der Prüfling über die weitere Vorgehensweise (bei nicht bestandener Prüfung) informiert werden.

Auszubildende, die die Prüfung bestanden haben, erhalten vom Prüfungsausschuss eine vorläufige Bescheinigung des Bestehens. Diese Bescheinigung benötigen sie, um ihrem Ausbildungsbetrieb (ggf. auch der Arbeitsagentur) nachweisen zu können, dass und wann sie die Prüfung bestanden haben. Denn ab diesem Zeitpunkt gelten sie nicht mehr als Auszubildende und haben daher Anspruch auf Gehalt (ggf. Arbeitslosengeld). Je nachdem, wie viele Prüfungen an diesem Tag bei der IHK durchgeführt werden, erhält der Prüfling bereits am Ende des Prüfungstages vom Prüfungsausschuss sein Prüfungszeugnis ausgehändigt und ist nun offiziell Kauffrau oder Kaufmann für Groß- und Außenhandelsmanagement.

1.5 Hinweise für Prüflinge

Ihre Fähigkeiten und Kompetenzen haben Sie bereits in beiden Prüfungsteilen schriftlich nachgewiesen. Im Fallbezogenen Fachgespräch geht es nun darum, zu zeigen, dass Sie verinnerlicht haben, worauf es im Groß- und Außenhandel ankommt. Sehen Sie das Fallbezogene Fachgespräch als großes Finale, in dem Sie mit Ihrer Leistung und auch Ihrem Auftreten noch mal richtig Eindruck machen können. Vermutlich teilen Sie hinterher die Erfahrung der meisten Prüflinge, dass dieser Prüfungsbereich großartig war und die Zeit wie im Flug vergangen ist.

Natürlich ist eine mündliche Prüfung immer etwas Außergewöhnliches, weshalb die Prüflinge auch nervös sind. Das ist normal! Ihnen geht es wie vielen Stars, die Lampenfieber haben, ehe sie die Bühne betreten. Sobald der Akt beginnt, ist das Lampenfieber jedoch wie weggeblasen. Das wird auch Ihnen so ergehen. Sobald das Prüfungsgespräch beginnt, ist Ihre Nervosität weg und Sie sind voll fokussiert auf das Gespräch. Damit Ihr Prüfungsauftritt optimal gelingt, hier ein paar Tipps.

TIPP

- Keine Hektik! Lassen Sie sich morgens genügend Zeit zum Frühstücken!
- Wählen Sie sorgfältig Ihre Kleidung aus und kleiden Sie sich dem Anlass angemessen. Prüfungen sind für Sie etwas Besonderes, das drücken Sie auch in der Kleidung aus. Es besteht kaum die Gefahr, overdressed zu sein. Unpassende Kleidung zeugt hingegen von mangelnder Wertschätzung sich selbst und dem Anlass gegenüber.
- Fahren Sie frühzeitig los und kalkulieren Sie Verspätungen, Verkehrsbehinderungen sowie Zeit für die Parkplatzsuche ein.
- Denken Sie daran, Ihren Personalausweis und die Prüfungseinladung mitzuführen.
- Nehmen Sie im Wartebereich Platz. Sie haben jetzt noch Zeit, sich frisch zu machen.
- Schauen Sie sich **beide** Prüfungsvorschläge in Ruhe an. Entscheiden Sie dann, welchen Sie zum Gegenstand des Fallbezogenen Fachgesprächs machen wollen.
- Gehen Sie die Aufgaben bzw. Fragen des gewählten Vorschlags durch und überlegen Sie, was Sie dazu sagen könnten. Papier und Kugelschreiber stehen im Vorbereitungsraum zur Verfügung, sodass Sie sich Notizen machen können. **Notizen, keine ausformulierten Schriftsätze!** Das ermöglicht Ihnen nachher im Gespräch unauffällig auf Ihre Notizen zu schauen, ohne den Gesprächsfluss zu unterbrechen.

- Nach einigen Minuten werden Sie wieder abgeholt und begeben sich zum Prüfungsraum. Nutzen Sie den kurzen Weg dahin, sich zu räuspern oder etwas zu sagen, damit der „Kloß im Hals" verschwindet und ihre Stimme einsatzbereit ist. Halten Sie sich beim Gehen bitte aufrecht; Sie gehen schließlich nicht zu einer Hinrichtung!
- Nachdem Sie Platz genommen haben, gehört die Bühne Ihnen! Sprechen Sie deutlich und halten Sie Blickkontakt zu den Mitgliedern des Prüfungsausschusses. Antworten Sie in vollständigen Sätzen. Es liegt an Ihnen, dass ein „Gespräch" aus Ihrer Prüfung wird.
- Sachverhalte, die Sie besser grafisch als verbal darstellen und erläutern möchten, veranschaulichen Sie am Flipchart. Scheuen Sie sich nicht, dorthin zu gehen. Während Sie etwas skizzieren, erläutern Sie dem Ausschuss bitte, was Sie machen. Stillschweigend zu skizzieren und erst im Nachhinein Erklärungen abzugeben, wirkt unprofessionell.

Wundern Sie sich bitte nicht, dass nicht alle Mitglieder des Prüfungsausschusses Ihren Blickkontakt erwidern, sie müssen nämlich das Prüfungsgespräch protokollieren. Sie können aber sicher sein, dass sie Ihren Ausführungen ihre volle Aufmerksamkeit schenken.

1.6 Hinweise für Mitglieder des Prüfungsausschusses

Die Mitglieder des Prüfungsausschusses treffen spätestens zu dem Zeitpunkt ein, zu dem der erste Prüfling in die Vorbereitung aufbricht. So bleibt noch Zeit für ein kurzes Briefing. Die Ausschussmitglieder protokollieren auf den von der IHK bereitgestellten Vordrucken den Prüfungsverlauf. Ausgenommen ist dasjenige Mitglied, das die Prüfungsvorschläge für den jeweiligen Prüfling erstellt hat und ihn überwiegend prüft (Hauptprüfer) und sich somit völlig auf das Fallbezogene Fachgespräch mit dem Prüfling konzentrieren muss. Grundsätzlich kann aber jedes Mitglied des Prüfungsausschusses ins Gespräch eingreifen und prüfen.

Da mehrere Ausschussmitglieder protokollieren, ist gewährleistet, dass kein Aspekt des Prüfungsgesprächs untergeht. Am Ende des Fachgesprächs beraten die Ausschussmitglieder und stimmen sich in ihrer Beurteilung ab. Nach Möglichkeit wird das Ergebnis dieses Prüfungsbereichs im Konsens festgestellt. Sollte dies einmal nicht möglich sein, muss über das Ergebnis durch Mehrheitsbeschluss abgestimmt werden. Schon deshalb ist es unumgänglich, dass mindestens drei Mitglieder eines Prüfungsausschusses bei der Prüfung anwesend sein müssen.

- **Worauf ist beim Prüfungsprotokoll zu achten?**
  - Name des Protokollanten/Prüfers und Name des Prüflings festhalten
  - Uhrzeit des Beginns und des Endes des Prüfungsgespräch festhalten

- Prüfungsverlauf dokumentieren (Prüfungsgebiet, Aufgabennummer, Hilfestellungen i. S. v. Klarstellungen, Auffälligkeiten)
- Im Protokollvordruck muss angekreuzt werden, ob es sich um die individuelle Beurteilung eines Ausschussmitglieds oder um die Gesamtbeurteilung des Prüfungsausschusses handelt.
- Die Punktzahl der Gesamtbeurteilung muss sich aus den Punktbewertungen der individuellen Beurteilungen herleiten lassen.
- Die Gesamtbeurteilung ist von allen anwesenden Prüfern zu unterschreiben und ist – zusammen mit den individuellen Beurteilungen, den Prüfungsvorschlägen und den Prüfungsunterlagen des Prüflings – zu den Prüfungsakten zu nehmen.

► **Worauf ist bei den Prüfungsvorschlägen zu achten?**

Nicht umsonst heißt dieser Prüfungsbereich **Fallbezogenes Fachgespräch zu einer betrieblichen Fachaufgabe im Großhandel** bzw. **im Außenhandel**. Daher sollten die Prüfungsvorschläge einen Fall oder eine Situation beschreiben, aus der heraus einzelne Leitfragen als roter Faden ein Gespräch ermöglichen. Dies bedeutet, dass die Leitfragen überwiegend so formuliert sein müssen, dass sie nicht ausschließlich kognitive Leistungen erfordern, sondern Alternativen zulassen und mehrere Möglichkeiten zur Lösung und zur Beantwortung vertretbar sind. Die Aufgaben und Fragen der Prüfungsvorschläge sind also weit zu formulieren. Der Prüfling wird i. d. R. eine Möglichkeit erörtern und die Prüfer führen auf dieser Basis das Prüfungsgespräch.

Bei manchen Aspekten kann es hilfreich sein, dem Prüfling zu ermöglichen, seine Lösungen/Antworten zu veranschaulichen. Dies ist vor allem sinnvoll, wenn es um Auflistungen und die Darstellung kritischer Punkte geht. Das erleichtert es den Prüfern, den Ausführungen des Prüflings zu folgen.

Aufgabenstellungen, in denen gerechnet werden muss, sind zu vermeiden! Die Rechnung erfordert viel zu viel Zeit und ist auch nicht Sinn eines Fachgesprächs.

Die beiden Prüfungsvorschläge, die dem Prüfling vorgelegt werden, sollten aus unterschiedlichen Gebieten stammen. Es macht keinen Sinn, beide Prüfungsvorschläge desselben Gebiets zu nehmen. Der Prüfungsausschuss unterbreitet zwei Vorschläge, die zwei der drei unter **1.3 Themenbereiche des Prüfungsbereichs Fallbezogenes Fachgespräch im 2. Teil der Abschlussprüfung** genannten Themenbereiche abdecken. Hilfreich ist, hierzu Vorlagen (siehe **Anhang Formulare** unter **Ziffer 2.** zu verwenden. Dass im Verlauf des Prüfungsgesprächs durch erweitertes Fragen über das gewählte Themengebiet hinaus diskutiert wird, kann sinnvoll und zulässig sein.

Bevor der Prüfling in den Vorbereitungsraum entlassen wird, überzeugen Sie sich von seiner Identität. Verwahren Sie bitte sein Mobiltelefon und seine Tasche oder seinen Rucksack. Nach Ende der Prüfung händigen Sie ihm seine Sachen wieder aus. Im Vorbereitungsraum liegen Stifte und Papier bereit, damit sich jeder Prüfling Notizen machen kann. Vergessen Sie nicht, ihn nach seinem gesundheitlichen Befinden zu fragen, bevor Sie die Prüfungsvorschläge aushändigen.

► Was macht das Fallbezogene Fachgespräch zum Prüfungsgespräch?

Grundsätzlich ist **wohlwollend** zu prüfen! Das bedeutet,

- dass nicht die Schwächen eines Prüflings, sondern seine Stärken zum Vorschein kommen sollen. Die Prüfer lenken das Gespräch in Bereiche, in denen der Prüfling weniger Schwächen aufweist.
- dass die Prüfer den Prüfling nicht mutwillig in die Irre führen oder verunsichern; Ironie ist in einer Prüfungssituation unangebracht.
- dass sich die Prüfer auf die Argumentation des Prüflings einlassen, ggf. nachfragen, wenn Aussagen des Prüfers unpräzise oder missverständlich sind. Es können auch Gegenhypothesen in den Raum gestellt und erörtert werden. In jedem Fall ist das Prüfungsgespräch auf Augenhöhe zu führen. Es gilt herauszufinden, ob der Prüfling mit den Alltagssituationen eines Groß- und Außenhandelsunternehmens vertraut ist, ob er Handlungsalternativen benennen und beurteilen kann, ob er Zusammenhänge versteht oder ob er lediglich auswendig gelernte Stichworte von sich gibt. Ein reines Frage-Antwort-Spiel verbietet sich daher genauso wie Fragen, die nur eine Antwort zulassen.

Übrigens: Ein Prüfling darf sich während des Gesprächs korrigieren. Das spricht sogar für ihn, denn es zeigt, dass er reflektiert, während er spricht: „thinking by speaking“. Offensichtliche Versprecher können Prüfer richtigstellen, sie sind aber kein Grund, den Prüfling deswegen schlechter zu bewerten.

► Worauf ist hinsichtlich des Prüfungsraums zu achten?

- Ruhige Räume

  Normalerweise stellen die Industrie- und Handelskammern Prüfungs- und Vorbereitungsräume zur Verfügung. Gelegentlich finden die Fallbezogenen Prüfungsgespräche auch in den Geschäftsräumen von Unternehmen statt. In jedem Fall müssen die Prüfungsräume eine ruhige Atmosphäre bieten. Kunden- und Personalverkehr wirken störend und sind in und vor den Prüfungsräumen zu unterbinden.
- Lüften zwischen den einzelnen Fachgesprächen
- Prüflinge so platzieren, dass Sie nicht gegen das Licht schauen müssen.

  Prüflinge sitzen so, dass sie die Fenster im Rücken haben. Generell ist es auch im Interesse der Prüfer, durch Verschattungen (Jalousien, Vorhänge) Blendungen zu vermeiden.

Vor allem an heißen Tagen während der Sommer-Prüfungen ist es angebracht, auch dem Prüfling ein Glas Wasser bereitzustellen. Das ermöglicht ihm, sich während des Gesprächs zu erfrischen. Zudem verhindert es, Gefahr zu laufen, dass ein Prüfling dehydriert. Ungehörig wäre es auf jeden Fall, wenn die Prüfer nach Belieben ein Glas Wasser trinken könnten, der Prüfling jedoch nicht.

2. Prüfungsvorschläge zu den Prüfungsgebieten

In diesem Kapitel finden Sie zu den einzelnen Prüfungsgebieten praxiserprobte Prüfungsvorschläge. Sie sind alle in gleicher Weise aufgebaut. Erkennbar ist auf welches Prüfungsgebiet sich der Vorschlag bezieht. Jeder Vorschlag startet mit einer kurzen Situationsbeschreibung oder einem kleineren Fall wie er im betrieblichen Alltag vorkommen kann. Dann schließen sich sogenannte Leitfragen an.

ACHTUNG

Die Leitfragen bilden das Navigationssystem des Fallbezogenen Fachgesprächs. Sie müssen den Auszubildenden Alternativen ermöglichen. Es gibt also nicht die eine richtige Antwort, sondern der Auszubildende wird sich für eine Handlungsmöglichkeit entscheiden. Es ist kein Nachteil, wenn er die anderen möglichen Lösungswege nicht aufzeigt. Allerdings können die Prüfer nach anderen Optionen fragen. Schließlich gilt es herauszufinden, ob der Prüfling argumentativ erklären und begründen kann, warum er diese und keine andere Lösung vorschlägt oder ob er nur eine Möglichkeit kennt und ihm die Alternativen gar nicht bewusst sind.

Warenkundliche Fragen dürfen nicht Gegenstand des Fallbezogenen Fachgesprächs sein. Es ist beispielsweise unzulässig, dass ein Prüfer im Prüfungsausschuss Nahrung und Genuss den Prüfling auffordert, den Unterschied zwischen Marzipan und Persipan zu erklären. In einer Situation, in der ein Prüfling die Rolle eines Kundenberaters annimmt, darf der Prüfer jedoch fragen, welche Antwort der Prüfling dem Kunden auf die Frage geben würde, weshalb die beiden Produkte sich so deutlich im Preis unterscheiden oder wenn der Kunde ihn um Beratung bittet, ob er denn statt Marzipan Persipan verwenden soll.

2.1 Internationaler Handel und Auslandsmärkte

Vorschlag 1: Import und Export

Ausgangssituation:

Auf der Homepage des Großhandelsunternehmens ist zu lesen: *„Unser Unternehmen ist mit mehr als 40 Jahren Erfahrung spezialisiert auf Handel, Import und Export von asiatischen und speziell japanischen Lebensmitteln."*

Leitfragen:

1. Ein Kunde aus den Niederlanden hat die gleichen Waren bestellt wie einer Ihrer Kunden aus Fernost. In beiden Fällen vereinbaren Sie die gleiche Währung. Erläutern Sie die Unterschiede zwischen der Rechnung an den Kunden in den Niederlanden und der Rechnung an den Kunden in Fernost.
2. Wenn Sie Waren aus Japan beziehen, wird darauf Zoll zu entrichten sein. Erklären Sie, wie Sie den **Zollwert** berechnen.
3. Ihr Ausbildungsunternehmen stellt **„Sicherheit und Gesundheit"** als Vorteil heraus. Wie wird das für Kunden sichtbar?

Lösung s. Seite 47

Vorschlag 2: Einfuhrabgaben bei Importen

Ausgangssituation:

Ihr Unternehmen bezieht Waren aus Malawi und Korea. Aus deutscher Sicht handelt es sich um Importe. Importe sind zu verzollen.

Leitfragen:

1. Müssen Sie beim Import unterschiedlich hohe Zölle entrichten, wenn Sie gleiche Waren aus den beiden Ländern beziehen?
2. a) Erklären Sie, was der **Zollwert** ist und wie Sie ihn berechnen.
   b) Erklären Sie, worauf die **Einfuhr-Umsatzsteuer** berechnet wird.
   c) Welchen **Incoterm** haben Sie mit Ihren japanischen und koreanischen Lieferern vereinbart? Lässt sich daraus erkennen, wer den Importzoll zu zahlen hat?
3. Sie verkaufen die aus Korea und Malawi importierten Waren nicht nur in Deutschland, sondern haben Kunden in der gesamten Europäischen Union. Was macht es den Kunden in der EU so einfach, die Produkte bei Ihnen zu kaufen?

Lösung s. Seite 48

Vorschlag 3: Direkter und indirekter Import

Ausgangssituation:

Sie stellen auf einer Fachmesse Ihr Unternehmen im Gespräch vor und erläutern seine besonderen Merkmale.

Leitfragen:

1. Das Unternehmen bezeichnet sich auf seiner Homepage als Direktimporteur. Erklären Sie, was man darunter versteht und welchen Vorteil Sie als Direktimporteur im Gegensatz zum **indirekten** Import haben.
2. a) Als Importeur haben Sie **Zollabgaben** zu entrichten. Welche sind das?
   b) Sie importieren Rum aus verschiedenen südamerikanischen Ländern. Weshalb sind die Zollsätze auf Rum aus der Dominikanischen Republik, aus Jamaika und aus Haiti niedriger als die Zollsätze z. B. auf mexikanischen Rum?
3. Erklären Sie, wieso Sie ausländisches Bier importieren und in den Handel bringen dürfen, auch solches, das nicht nach dem deutschen Reinheitsgebot gebraut wurde.

Lösung s. Seite 49

Vorschlag 4: Europäischer und außereuropäischer Markt

Ausgangssituation:

Ihr Unternehmen hat bislang nur an Kunden in anderen EU-Staaten geliefert. Nun hat die Unternehmensleitung entschieden, künftig den gesamten Europäischen Wirtschaftsraum (EWR) aktiv zu bearbeiten. Langfristig will das Unternehmen auch auf außereuropäischen Märkten nicht nur als Kunde, sondern auch als Lieferer tätig sein.

Leitfragen:

1. Erklären Sie den **umsatzsteuerlichen** Unterschied, der sich bei Lieferungen an Kunden in anderen EU-Staaten und an Kunden im Drittstaatsgebiet ergibt.
2. a) Erläutern Sie zwei Gründe, die für die Marktausdehnung sprechen.
   b) Beschreiben Sie ein Risiko der Marktausdehnung und schlagen Sie eine Maßnahme vor, dieses Risiko zu verringern.
3. a) Was ändert sich für Ihr Unternehmen, wenn es künftig im gesamten EWR aktiv wird?
   b) Was unterscheidet EU und EWR bzw. was haben EU und EWR gemeinsam?
4. Nehmen Sie an, Ihr Unternehmen wird in ein paar Jahren seine Produkte auch im außereuropäischen Ausland anbieten. Inwiefern können kulturelle Unterschiede ein Handelshemmnis darstellen?

Lösung s. Seite 50

Vorschlag 5: Handelshemmnisse

Ausgangssituation:

Sie befassen sich mit den kulturellen und rechtlichen Bedingungen, die sich möglicherweise als Handelshemmnisse erweisen können.

Leitfragen:

1. Sie haben u. a. Babynahrung im Sortiment, die Sie als **Eigenmarke** verkaufen. Sie haben bewusst einen Markennamen gewählt, der in allen Erdteilen verständlich ist. Wie erlangen Sie weltweiten **Markenschutz**?
2. Sie bewerben Ihre Eigenmarke in Europa mit der folgenden Abbildung auf der Packung.

Quelle: *Roth/Köck, Hg., Interkulturelle Kompetenz – Xpert culture communication skills, Ilmenau 2011, S. 41*

Warum könnte diese Packungsabbildung auf arabischen Märkten zum Verkaufshindernis werden?

3. Nehmen Sie an, ein anderes Land würde auf Waren, wie Sie sie im Sortiment haben, künftig Importzölle erheben. Machen Sie einen Vorschlag, wie Sie dieses Handelshemmnis unterlaufen können, um dort keinen Absatzrückgang zu erleiden?

Lösung s. Seite 51

Vorschlag 6: Zollarten und internationaler Warenverkehr

Ausgangssituation:

Zu Ihrem Aufgabengebiet im Unternehmen gehört die Importabwicklung.

Leitfragen:

1. Erläutern Sie die folgenden Zollarten:
   - Finanzzölle, Schutzzölle
   - Wertzölle, Gewichtszölle, Mischzölle
   - Exportzölle, Importzölle, Transitzölle.
2. Welche anderen Handelshemmnisse (außer Zölle) erschweren den grenzüberschreitenden Handel?

3. Begründen Sie, weshalb die Europäische Union keine Freihandelszone, sondern eine Zollunion ist.
4. Freihandelsabkommen, Präferenzabkommen und Assoziierungsabkommen erweisen sich immer wieder als belebend für den internationalen Warenverkehr. Nennen Sie ein Abkommen, dass für Ihr Warensortiment besonders von Bedeutung ist und beschreiben Sie kurz, was Freihandels-, Präferenz- und Assoziierungsabkommen unterscheidet.

Lösung s. Seite 52

Vorschlag 7: Verschiedene Aspekte des Außenhandels

Ausgangssituation:

Sie sind in Ihrem Unternehmen mit allen Aspekten des Außenhandels befasst.

Leitfragen:

1. Sie ärgern sich immer wieder darüber, dass Sie auf Kundenanfragen Angebote erstellen und am Ende kaufen die Kunden doch immer wieder bei Anbietern aus der Volksrepublik China. Die Angebote von dort sind deshalb so günstig, weil die VR China den Export subventioniert.

   Das Problem ist längst auch den politischen Entscheidungsträgern in der Europäischen Union und in Deutschland bekannt.

   Welchen Prinzipien widerspricht die Exportsubventionierung und welche Gegenmaßnahmen können ergriffen werden?
2. Welchem Zweck dienen **Certificates of origins**?
3. Wozu benötigen Sie – ergänzend oder alternativ zum Certifcate of origin – die **Warenverkehrsbescheinigung EUR 1**?
4. Beschreiben Sie kurz, wie Sie das **ATLAS-Verfahren** nutzen.

Lösung s. Seite 53

Vorschlag 8: Aus- und Einfuhranmeldung, Ausfuhrgarantien

Ausgangssituation:

Sie haben während Ihrer Ausbildung die Bereiche Import und Export kennengelernt. In einem Unternehmen, dass Geräte zur Zeitmessung und Zeiterfassung im Sortiment hat, sind Sie auch künftig mit Import- und Exportaufgaben befasst.

Leitfragen:

1. Erklären Sie uns das Zollverfahren, mit dem Sie in Ihrer betrieblichen Praxis in Berührung gekommen sind.
2. Warum erstellen Sie auch dann eine **Ausfuhr-** bzw. **Einfuhranmeldung**, wenn der Export bzw. Import genehmigungsfrei möglich ist?

3. Nehmen Sie an, Sie würden bestimmte Exporte mit einer **Hermes-Ausfuhrgarantie** absichern. Wie funktioniert diese Absicherung und was müssen Sie dabei beachten?

Lösung s. Seite 54

Vorschlag 9: Importdokumente, Marken, Kundenbindung

Ausgangssituation:

Sie sind in einer Lebensmittelgroßhandlung verantwortlich für den Import von Trocken- und Tiefkühlware, Fisch- und Meeresfrüchten, koreanischem Gemüse, Nudeln, Snacks, verschiedenen Sorten Reis, Sojaprodukte, Essig und Sushi-Zubehör. Einen großen Teil Ihres Sortiments beziehen Sie aus Japan und Südkorea.

Leitfragen:

1. Welche Dokumente benötigen Sie für den Import?
2. a) Was ist Ihren Kunden in Europa wichtig?
   b) Falls Sie Kunden in Deutschland und Kunden in anderen Ländern Europas haben: Sind Ihnen schon Unterschiede zwischen Kunden in den einzelnen Ländern aufgefallen? Geben Sie uns ein Beispiel, an dem solche Unterschiede deutlich werden.
3. Sie befinden sich gerade in Preisverhandlungen mit einem Kunden. Erklären Sie, wo Ihr Preisspielraum endet, d. h. bei welchen Preisen Ihre Preisuntergrenzen liegen.
4. Sie arbeiten viel mit Markenprodukten.
   a) Warum?
   b) Sind die von Ihnen vertretenen Marken **Hersteller-, Handels- oder Eigenmarken**?
   c) Inwiefern helfen Marken bei der Kundenbindung?
5. Sie überlegen, Preisnachlässe als Instrument der Kundenbindung einzusetzen. Erläutern Sie, wie Sie den Preisnachlass gestalten müssen, damit er Kunden bindet.

Lösung s. Seite 55

Vorschlag 10: Informationsauswertung

Ausgangssituation:

Informationen sind das A und O einer gedeihlichen Kooperation mit Lieferern und mit Kunden. Sie haben alle Bereiche in Ihrem Ausbildungsunternehmen durchlaufen und wissen nun, welche Informationen fließen und was Sie damit anfangen.

Leitfragen:

1. a) Welche Informationen entnehmen Sie einer Bestellung Ihres Kunden?
   b) Manche Informationen benötigen Sie direkt, um den Kundenauftrag ausführen und erfüllen zu können. Andere Informationen speichern Sie und werten sie aus. Weshalb speichern Sie sie und wofür werten Sie die Informationen aus?

   c) Ein neuer Kunde bestellt bei Ihnen in einem nicht unerheblichen Wert. Was wüssten Sie jetzt gerne über den Kunden und wie erhalten Sie die gewünschten Informationen?

2. Ihr Unternehmen ist auch Kunde bei Lieferern. Manche (oder sogar die meisten) Lieferer schicken Ihnen eine **Versandanzeige/Versandavis**. Wann schicken sie die und was nützt Ihnen diese Information?
3. Welche Informationen speichern Sie über Ihre Lieferer und wozu?
4. Da Sie Produkte aus Lateinamerika beziehen, ist Ihnen Seetransport geläufig.

   Sie haben ein Dokument in der Hand, auf dem folgender Vermerk steht:

   SHIPPED in apparent good order and condition (unless otherwise states herein) on board the above local vessel in or off local port named above, or (if no local vessel is named above) on board above ocean Vessel the goods described above (measurement, weight, quality, brand, contents, condition, quality and value as declared by Shipper but unknown to the Carrier ...

   a) Auf welchem Dokument finden Sie diesen Vermerk?
   b) Wozu benötigen Sie die darin enthaltenen Informationen?
5. Indem Sie Daten Ihrer Kunden erfassen und speichern, verarbeiten Sie sie. Auch Ihr Lieferer verarbeitet Ihre Daten, die er von Ihnen erfasst und speichert. Damit wird die Datenschutzgrundverordnung (DSGVO) relevant, die 2018 in Kraft getreten ist, was seit 2016 bekannt gewesen ist. Was schreibt die DSGVO Ihnen hinsichtlich der verarbeiteten Kundendaten vor und was schreibt sie Ihrem Lieferer hinsichtlich der verarbeiteten Kundendaten vor?

Lösung s. Seite 56

Vorschlag 11: Zollabfertigung und Freihandel

Ausgangssituation:

Außenhandel ermöglicht ein größeres Warenangebot und erhöht den Wettbewerb, was zu günstigeren Preisen führt. Voraussetzung ist, dass der freie Handel nicht durch Handelshemmnisse beeinträchtigt wird.

Leitfragen:

1. Sie beziehen Ihre Produkte von Anbietern aus der Türkei. Ab welchem Moment werden diese Produkte zu **Gemeinschaftsware (= Unionsware)**?
2. Welchen Vorteil hat es für Sie als Importeur, wenn die Einfuhrabfertigung von der **Einfuhrzollstelle** statt von der **Eingangszollstelle** stattfindet?
3. Erklären Sie
   a) ein **nichttarifäres** Handelshemmnis
   b) ein **tarifäres** Handelshemmnis.

4. Auf Importe sind **Einfuhrabgaben** zu entrichten. Was versteht man hierunter? Beschreiben Sie auch, welche Einfuhrabgaben auf die Waren Ihres Sortiments erhoben werden.
5. In einem Interview hatte ein früherer Präsident der Vereinigten Staaten europäischen Anbietern in Aussicht gestellt, auf ihre Produkte „**Strafzölle**" zu erheben. Beurteilen Sie diese Absicht vor dem Hintergrund der WTO und den ihr zugrunde liegenden Verträgen.

Lösung s. Seite 58

Vorschlag 12: Zollverfahren, Ausfuhrabsicherung

Ausgangssituation:

Sie haben während Ihrer Ausbildung die Bereiche Import und Export kennengelernt. In einem Unternehmen, dass Geräte zur Zeitmessung und Zeiterfassung im Sortiment hat, sind Sie auch künftig mit Import- und Exportaufgaben befasst.

Leitfragen:

1. Erklären Sie uns drei Zollverfahren, mit denen Sie dabei in Berührung kommen können.
2. Erläutern Sie, ob Sie für die Ausfuhr bzw. die Einfuhr dieser Waren eine Ausfuhr- bzw. Einfuhrgenehmigung benötigen oder nicht.
3. Käme für die Ausfuhr dieser Ware eine *Hermes*-Absicherung infrage? Erläutern Sie, weshalb bzw. weshalb nicht.

Lösung s. Seite 59

Vorschlag 13: Wettbewerbsverzerrung durch Subventionierung

Ausgangssituation:

Als Exporteur stoßen Sie leider auch auf Konkurrenten, die ihre Produkte billiger verkaufen als Sie anbieten können, weil deren Staat Exporte subventioniert.

Leitfragen:

1. Sie könnten in diesem ungleichen Wettbewerb klein beigeben und aufgeben. Das wollen Sie aber nicht. Wie können Sie sich als Exporteur gegen diese Wettbewerbsverzerrung wehren bzw. sich davor schützen?
2. Nützt Ihnen das Certificate of origin bei Ihren Exportbemühungen?
3. Erläutern Sie den Unterschied zwischen dem Certificate of origin und der Warenverkehrsbescheinigung EUR 1.
4. Beschreiben Sie, wie Sie als Exporteur das ATLAS-Verfahren anwenden.

Lösung s. Seite 60

Vorschlag 14: Zollarten, Zollunion, Freihandelszone

Ausgangssituation:

Zu Ihrem Aufgabengebiet im Unternehmen gehört die Importabwicklung ebenso wie der Warenverkehr im EWR (= Europäischer Wirtschaftsraum).

Leitfragen:

1. Erläutern Sie, was der Europäische Wirtschaftsraum ist.
2. Möglicherweise haben Sie mit Geschäftspartnern zu tun, die in der Schweiz beheimatet sind. Die Schweiz gehört zweifellos zu Europa und ist dennoch nicht Teil des EWR. Weshalb nicht und wie wurde versucht, diesem „Mangel" abzuhelfen?
3. Welche anderen Wirtschaftsräume kennen Sie, zu denen Staaten gehören, in denen Unternehmen sitzen, die Sie beliefern?
4. Begründen Sie, weshalb die Europäische Union keine Freihandelszone, sondern eine Zollunion ist.

Lösung s. Seite 60

2.2 Verkauf und Distribution

Vorschlag 1: Management von Kundenbeschwerden

Ausgangssituation:

Bei einer internen Veranstaltung sollen Sie die in den Leitfragen angesprochenen Aspekte auf Ihr Unternehmen beziehen und zum Thema Kundenbeschwerden Stellung nehmen.

Leitfragen:

1. Immer häufiger drücken Kunden ihre Unzufriedenheit oder ihren Frust in Bewertungen im Internet aus. Auch über Ihr Unternehmen finden sich Beschwerden im Netz. Machen Sie Vorschläge, wie das Unternehmen solche Beschwerden dauerhaft vermeiden kann.
2. Erläutern Sie, warum Ihr Unternehmen dem Kündigungsschutzgesetz unterliegt.
3. Ihr Unternehmen ist für seine Personalpolitik mit dem Gütesiegel „Best Ager" ausgezeichnet worden. Was bedeutet das?

Lösung s. Seite 61

Vorschlag 2: International Featured Standards Food

Ausgangssituation:

INFO

Dieser Vorschlag stammt aus dem Prüfungsausschuss Nahrung und Genuss.

Eine Lebensmittelgroßhandlung hat die Rechtsform einer Gesellschaft mit beschränkter Haftung. Das Unternehmen ist nach IFS (International Featured Standards Food) zertifiziert.

Leitfragen:

1. Erläutern Sie, was der IFS aussagt und welche Veränderungen im Unternehmen durch die Zertifizierung stattgefunden haben.
2. Der Erfolg eines Unternehmens hängt auch von den Fähigkeiten und der Motivation der Mitarbeiter ab. Schlagen Sie Möglichkeiten vor, wie Sie Mitarbeiter und Mitarbeiterinnen motivieren und im Unternehmen halten können.

Lösung s. Seite 63

Vorschlag 3: Nachhaltigkeit, Personaleinsatz, Outsourcing

Ausgangssituation:

INFO

Dieser Vorschlag stammt aus dem Prüfungsausschuss Nahrung und Genuss.

Sie sollen neue Auszubildende über wesentliche Merkmale Ihres ausbildenden Unternehmens und über besondere Problemstellungen im Lebensmittelgroßhandel informieren.

Leitfragen:

1. Gerade der Lebensmittelgroßhandel sieht sich mit Forderungen seiner Kunden und der Verbraucher nach ökologischem und **nachhaltigem** Handel konfrontiert. Erläutern Sie, inwiefern ein Großhändler mit Agrarprodukten der Forderung nach Ökologie und **Nachhaltigkeit** nachkommt.
2. Der Umsatz mit Agrarprodukten unterliegt häufig saisonalen Schwankungen. Deshalb schwankt auch der Personalbedarf. Wie reagiert in einem solchen Fall ein Großhändler mit seiner **Personaleinsatzplanung**?

3. Nehmen Sie an, Ihr ausbildendes Unternehmen erwägt **Outsourcing** einzelner betrieblicher Funktionen. Stellen Sie dar, welche Chancen und Risiken Outsourcing mit sich bringt.

Lösung s. Seite 63

Vorschlag 4: Lagerkapazität, Kommissionierprinzipien

Ausgangssituation:

Von Zeit zu Zeit prüfen Sie, ob Ihre Lagerorganisation noch zeitgemäß ist und was sich ändern müsste. Sie unterziehen auch die Abläufe einer Prüfung und überlegen, was sich verbessern ließe.

Leitfragen:

1. Ihr Sortiment wird saisonal unterschiedlich stark nachgefragt. Das hat auch Auswirkungen auf Ihre Bevorratung und die Kosten der Lagerung.
   a) Schildern Sie, was die unterschiedlich hohe Nachfrage für die Kosten Ihrer **Lagerkapazität** bedeutet.
   b) Beschreiben Sie, wie sich dadurch die Kosten des **Warenbestandes** verändern.
2. a) Sie versichern Ihren Warenvorrat. Welchen Wert versichern Sie?
   b) Nehmen Sie an, Sie haben einen Warenwert in Höhe von 3,0 Mio. € versichert. In Ihrem Lager sind aber zurzeit Waren im Wert von 4,0 Mio. € vorhanden. Als beim Kommissionieren im Lager ein Unfall passiert, entsteht ein Warenschaden von 60.000 €. Erklären Sie, wieso der Versicherer nur 45.000 € ersetzen wird.
3. Erklären Sie, wann nach dem Prinzip **Mann zur Ware** und wann nach dem Prinzip **Ware zum Mann** kommissioniert wird.
4. a) Nehmen Sie an, Sie lagern im Festplatzsystem und kommissionieren „Mann zur Ware“. Wie können Sie irrtümliche Falscheinlagerungen und falsche Kommissionierungsentnahmen vermeiden?
   b) Sie arbeiten einen Kommissionierungsbeleg ab und sollen von einem bestimmten Artikel 20 Mengeneinheiten (ME) entnehmen. Als Sie am Lagerort sind, stellen Sie fest, dass dort nur noch 15 ME vorhanden sind. Was unternehmen Sie?

Lösung s. Seite 64

Vorschlag 5: Kundenorientierung

Ausgangssituation:

Im Rahmen einer innerbetrieblichen Mitarbeiterfortbildung erläutern Sie Kolleginnen und Kollegen, die neu im Unternehmen sind, weshalb alle Abteilungen – also auch der Vertrieb – **kundenorientiert** sein müssen und was das konkret bedeutet.

Leitfragen:

1. Machen Sie am Beispiel Ihres Sortiments deutlich, wie darin Kundenorientierung sichtbar wird.
2. Bei der o. g. Mitarbeiterfortbildung möchten Sie den Kolleginnen und Kollegen prägnante Merksätze an die Hand geben. Ein Merksatz lautet:

   „Auf (Ver-)Käufermärkten muss der Vertrieb kundenorientiert agieren."

   Begründen Sie, welcher Begriff für den Merksatz zutrifft: „Käufermarkt" oder „Verkäufermarkt"?
3. Welche (legale) Möglichkeit haben Sie, den **Preiswettbewerb** zu umgehen bzw. zu vermeiden? Geben Sie möglichst ein Beispiel aus der Praxis Ihres Unternehmens an.
4. Machen Sie den Unterschied zwischen einer **Kulanz**, einer **Garantie** und einer **Gewährleistung** deutlich. Welche Form ist am meisten kundenorientiert?

Lösung s. Seite 65

Vorschlag 6: Kundenbindung

Ausgangssituation:

Sie wollen Ihre Kundenbindung verbessern und überlegen, wie Sie dieses Ziel erreichen könnten.

Leitfragen:

1. Welche Möglichkeiten bieten sich hierzu im Rahmen Ihrer Sortimentspolitik?
2. Erläutern Sie, weshalb die Preispolitik nur sehr bedingt geeignet ist, dieses Ziel zu erreichen.
3. Machen Sie Vorschläge, wie Sie die Kundenbindung außerdem festigen können.
4. Erläutern Sie, was sich Unternehmen von Kundenbindung versprechen. Was ist das Ziel?
5. Welche Alternative haben Sie, sollte es Ihnen nicht gelingen, die Kundenbindung zu verbessern?

Lösung s. Seite 66

Vorschlag 7: Customer relationship

Ausgangssituation:

Sie kümmern sich im Unternehmen um den Vertrieb und um die **Customer relationship**, also um die Pflege der Kundenbeziehung.

Leitfragen:

1. Welche Aufgaben obliegen bei einem **Cash-and-carry-Handel** dem Vertrieb?
2. Mit welchen Vertriebsformen bzw. Vertriebskanälen gelingt es Ihnen leichter als mit anderen die Kundenbeziehungen zu pflegen?
3. a) Was sind **Key accounts**?
   b) Welche Merkmale muss ein Kunde haben, um bei Metro C&C Deutschland GmbH als Key account zu gelten?
   c) Begründen Sie, ob Sie es für schwieriger halten, Bestandskunden zu halten oder neue Kunden zu akquirieren (= zu gewinnen).
4. a) Erläutern Sie je eine kurzfristige und eine langfristig nachhaltige Möglichkeit, Kunden zu halten.
   b) Wie können Sie schnell und relativ einfach die Kundenzufriedenheit ermitteln?

Lösung s. Seite 67

Vorschlag 8: Kommissionsverkauf, Preisdifferenzierung

Ausgangssituation:

Ihr Absatzmarkt ist durch zahlreiche Wettbewerber und dementsprechend viele Konkurrenten gekennzeichnet. Er ist ein Käufermarkt.

Leitfragen:

1. Bei einer solchen Marktsituation streben viele Unternehmen nach einem **Alleinstellungsmerkmal**, um zumindest partiell die Konkurrenz auf Abstand zu halten. Erläutern Sie, wo Ihr Ausbildungsunternehmen sein(e) Alleinstellungsmerkmal(e) hat?
2. Sie verkaufen z. T. ihre Produkte in **Kommission**.
   a) Damit gehen Sie ein Risiko ein. Erklären Sie, worin bei Kommissionsverkäufen Ihr Risiko besteht.
   b) Warum machen Sie sie trotz des Risikos dennoch?
3. Als Großhändler überlegen Sie, ob Sie Ihren **gewerblichen** Kunden lieber **Rabatte** oder lieber **Boni** einräumen.
   a) Erläutern Sie, was für Rabatte und was für Boni spricht.
   b) Sie wollen zumindest die A-Kunden an sich binden. Begründen Sie, ob Ihnen das eher mit Rabatten oder mit Boni gelingt.
   c) Erklären Sie, ob Sie bei B- und C-Kunden ebenfalls Wert auf Kundenbindung legen.
4. Ihr Ausbildungsunternehmen wird vermutlich **Preisdifferenzierung** praktizieren. Weshalb?

Lösung s. Seite 67

Vorschlag 9: Verpackung und Entsorgung

Ausgangssituation:

Sie sind Anbieter individueller Verpackungslösungen.

Leitfragen:

1. Verpackungen sind kein Selbstzweck. Spätestens wenn das verpackte Produkt beim Endverbraucher ankommt, wird aus jeder Verpackung ein Entsorgungsfall. Dann ist die EU-Abfallrahmenrichtlinie 2008/98 EG zu beachten.

   a) Erläutern Sie, welche der beiden Darstellungen der Abfallhierarchie das Ziel der EU-Abfallrahmenrichtlinie und der daraus abgeleiteten nationalen Gesetz (z. B. Kreislaufwirtschaftsgesetz) treffender ausdrückt.

   b) Inwieweit berücksichtigt Ihr Verpackungssortiment die Abfallhierarchie?

2. Beschreiben Sie den Entstehungsprozess einer Verpackung anhand der folgenden Abbildung:

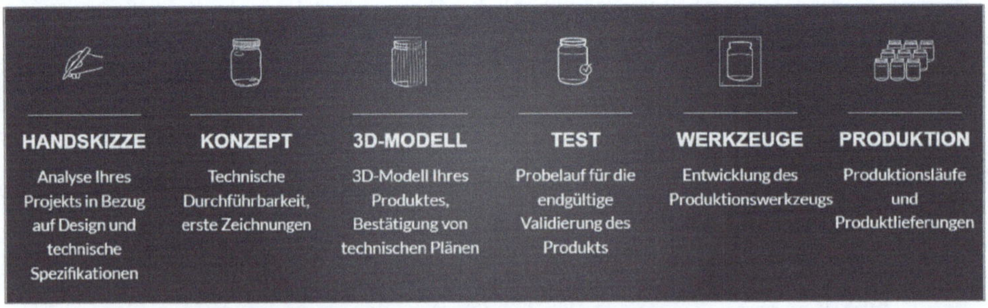

   a) Welche Vorzüge haben diese so entstandenen individuellen Verpackungslösungen gegenüber Standardlösungen?

   b) Welche Dienstleistungen rund um Verpackungen könnten für Kunden noch interessant sein?

3. Viele Großhändler arbeiten mit Mehrweglösungen, andere bevorzugen Einwegverpackungen. Welche Schwierigkeiten bringen Mehrweglösungen aus Sicht des Großhändlers mit sich? Machen Sie Lösungsvorschläge.
4. Sie können Verpackungen auch personalisieren. Weshalb sind personalisierte Verpackungen für Ihre Kunden so interessant, dass sie hierfür auch höhere Preise in Kauf nehmen.
5. Welche Motive hat ein Großhändler, wenn er seinen Kunden personalisierte Verpackungslösungen anbietet?

Lösung s. Seite 70

Vorschlag 10: Informationen aus dem Warenwirtschaftssystem

Ausgangssituation:

Ein Groß- und Außenhandelsunternehmen ist ausweislich seiner Homepage global tätig:

Märkte und Handelzonen ▼

Einzugsgebiete regional - national - europaweit - international

Leitfragen:

1. Nehmen Sie an, Sie würden einen erheblichen Teil Ihres Umsatzes mit Kunden in Großbritannien erzielen.
   a) Vor welchem Problem stehen Sie nun? Beachten Sie die aktuellen politischen Rahmenbedingungen.
   b) Welche Lösung schlagen Sie der Firma angesichts des unter a) erläuterten Problems vor?
2. Nehmen Sie an, es geht die Anfrage eines Unternehmens ein, das bislang noch kein Kunde ist (z. B. vom Kantinenbetreiber des nordrhein-westfälischen Landtags). Dieses Unternehmen fragt nach dem Preis für Kaffeekapseln. Wie gehen Sie mit dieser Kundenanfrage um?
3. Gehen Sie im Geiste das Sortiment Ihres Ausbildungsunternehmens durch.
   a) Woran unterscheiden Sie das Kern- vom Randsortiment?
   b) Warum ist man eher bei Artikeln des Randsortiments bereit, einen Verkaufspreis unter den Selbstkosten zu akzeptieren als beim Kernsortiment?

4. Als Mitarbeiter im Vertrieb gehört neben der Kundenbetreuung auch die Kundenakquise zu Ihren Aufgaben.
   a) Ein potenzieller Neukunde fragt Sie, was das Typische Ihres Sortiments sei und will wissen, was bei Ihrem Sortiment anders als beim Sortiment Ihrer Konkurrenten sei.
   b) Wenn Sie Bestandskunden (Kundenpflege) oder potenzielle Kunden (Kundenakquise) besuchen, gewinnen Sie gewissermaßen nebenbei viele Informationen, selbst wenn der Kunde keinen Auftrag erteilt. Auf was würden Sie achten? Was könnte Ihren Arbeitgeber interessieren?
   c) Wie kann das Unternehmen sicherstellen, dass die Informationen, die Sie aus den Kundenbesuchen gewinnen, auch bei ihm ankommen?
5. Einer Ihrer Kunden bestellt seit geraumer Zeit immer seltener. Auch nehmen die georderten Mengen immer mehr ab. Was unternehmen Sie?

Lösung s. Seite 72

Vorschlag 11: Nutzbarmachung der Daten des Warenwirtschaftssystems

Ausgangssituation:

Sie nutzen Ihr Warenwirtschaftssystem für allerhand betriebliche Entscheidungen. Erläutern Sie, wie Ihr WWS aufgebaut ist und was es zu leisten vermag.

Leitfragen:

1. Welche Module/Bestandteile Ihres WWS nutzen Sie für den Verkauf Ihrer Produkte?
2. Inwiefern hilft Ihnen das WWS bei der Entscheidung über eine Sortimentsveränderung?
3. Sie haben die Bestellung eines neuen Kunden auf dem Tisch. Wann und wie pflegen Sie ihn ins WWS ein?
4. Welche Bereiche Ihres WWS werden im Unternehmen zurzeit nicht genutzt und weshalb (noch) nicht?
5. Wenn das WWS die Datenbasis für bestimmte betriebliche Entscheidungen bietet, ist es besonders wichtig für das Unternehmen. Welche Vorkehrungen treffen Sie, um Ihr WWS vor Hackerangriffen zu schützen bzw. solche abzuwehren?

Lösung s. Seite 75

Vorschlag 12: Zusammenwirken zwischen Verkauf und Beschaffung

Ausgangssituation:

Viele Unternehmen stellen fest, dass Einkauf und Beschaffung viel stärker zu Gewinnsteigerungen beigetragen haben als der Verkauf und Vertrieb.

Leitfragen:

1. Gehen Sie davon aus, dass die Ausgangssituation empirisch nachgewiesen ist. Erklären Sie, wie es kommt, dass Beschaffung bedeutsamer für den Gewinn ist als Verkauf/Vertrieb.
2. Sie bekommen das Angebot einer Molkerei, die Ihnen einen neuartigen zypriotischen Käse anbietet. Begründen Sie, ob Käse ein **kulturgebundenes** oder ein **kulturfreies** (d. h. **kulturunabhängiges**) Produkt ist. Hat das Auswirkungen auf Ihr Beschaffungsverhalten?
3. Beschreiben Sie, was Sie machen, bevor Sie entscheiden, ob Sie das neue Produkt (siehe vorhergehende Aufgabe) ins Sortiment aufnehmen.
4. Nehmen Sie an, Ihr Chef ist eher skeptisch, was die Sortimentserweiterung betrifft. Er hält das Risiko für zu hoch. Erklären Sie, worin das Risiko besteht und machen Sie einen Vorschlag, wie dieses Risiko verringert werden kann.
5. Qualität ist wichtig – Ihren Kunden und Ihnen. Wie stellen Sie sicher, dass Ihre Lieferer Ihren Qualitätsanforderungen genügen?

Lösung s. Seite 76

2.3 Warensortiment und Marketing

Vorschlag 1: Kern- und Randsortiment

Ausgangssituation:

Sie stellen das Sortiment Ihres Unternehmens vor und erklären, was die Artikel Ihres Kernsortiments von denen des Randsortiments unterscheidet.

Leitfragen:

1. Erläutern Sie am Beispiel einer Ihrer Artikelgruppen, ob Sie sie von verschiedenen Lieferern oder ausschließlich von einem Lieferer beziehen und weshalb Sie so verfahren.
2. Ihre Kunden erwarten, dass Sie gleichbleibend gute Qualität liefern. Wie stellen Sie sicher, dass Ihre Lieferer Ihnen ebenfalls Produkte von gleichbleibender Qualität liefern?
3. Erklären Sie, warum Waren des Randsortiments plötzlich zu Waren des Kernsortiments werden können und umgekehrt.
4. Beschreiben Sie, was zu einer Sortimentserweiterung, zu einer Sortimentsreduzierung oder zu einer Sortimentsmodifizierung führen kann und geben Sie zur Veranschaulichung möglichst Beispiele aus Ihrem Sortiment an.

Lösung s. Seite 77

Vorschlag 2: Marken, Bevorratung

Ausgangssituation:

Sie sind in einem Lebensmittelgroßhandel für die Bereiche Beschaffung und Logistik mitverantwortlich. Daher unterziehen Sie regelmäßig das Sortiment einer kritischen Würdigung.

Leitfragen:

1. In Ihrem Sortiment führen Sie auch **Premiummarken**.
   a) Was kennzeichnet **Premiummarken**?
   b) Wie nennt man Marken, die das Gegenteil von Premiummarken darstellen?
   c) Warum lässt sich nicht generell sagen, dass ein Unternehmen mit den Premiummarken mehr verdient als mit anderen?
2. Bevorratung bindet Kapital. Wie können Sie die Kapitalbindung so niedrig wie möglich halten, ohne Ihre Lieferbereitschaft zu gefährden?
3. Eine Brauerei bietet Ihnen ein neues Bier-Mix-Getränk an: Bier-Chilli-Mix. Sie sind skeptisch, was die Akzeptanz dieses Getränks auf dem deutschen Markt angeht. Da die Brauerei Ihnen aber auch andere Getränke liefert und sich auch sonst in kritischen Fällen Ihnen gegenüber kulant verhalten hat, denken Sie daran, dieses neuartige Bier versuchsweise ins Sortiment zu nehmen.

   Machen Sie einen Vorschlag, wie Sie das Chilli-Bier ins Sortiment nehmen können und dennoch Ihr Absatzrisiko geringhalten.
4. Sie verhandeln die Konditionen mit einem Abfüller neu. Dabei schlagen Sie vor, dass er Ihnen statt Mengenrabatte künftig **Boni** gewährt.
   a) Welchen Vorteil hat das für Sie?
   b) Welchen Vorteil hätte Ihr Lieferer, wenn er Ihnen Boni statt Mengenrabatt einräumt?

Lösung s. Seite 78

Vorschlag 3: Sortimentsdimensionen

Ausgangssituation:

Ihr Sortiment richtet sich vorwiegend an gastronomische Betriebe. Neben „Dauerläufern" führen Sie auch Trendprodukte und setzen auf Markenprodukte.

Leitfragen:

1. Beschreiben Sie Ihre **Sortimentsdimensionen**.
2. Welche Chancen und Risiken ergeben sich daraus?

3. Auf der Homepage eines Getränkegroßhändlers heißt es u. a. „*Wählen Sie aus sämtlichen alkoholfreien und alkoholischen Premium-Marken, vielen regionalen und ausländischen Spezialitäten sowie aktuellen Mode- und Saison-Getränken.*“
   a) Was liegt aktuell im Trend und warum?
   b) Geben Sie ein Beispiel für frühere Trendprodukte. Was ist aus ihnen geworden?
4. Welche Möglichkeiten haben Sie, um die besonders wichtigen Artikel Ihres Sortiments herauszufinden?

Lösung s. Seite 79

Vorschlag 4: Sortimentserweiterung und Beschaffungsdiversifizierung

Ausgangssituation:

Sie denken über eine Erweiterung Ihres Sortiments nach. Die neuen Artikel sollen zu Ihrem bisherigen Sortiment passen.

Leitfragen:

1. Überlegen Sie, ob aus Ihrer Sicht die Sortimentserweiterung als Sortiments**verbreiterung** oder als Sortiments**vertiefung** erfolgen soll.
2. Nehmen Sie an, Ihr Unternehmen hat sich auf bestimmte Produkte verständigt, mit denen es das Sortiment erweitern will. Das Unternehmen hat sich bereits über potenzielle Lieferanten informiert. Wie kann Ihr Unternehmen sicherstellen, dass die Produkte auch Ihren **Qualitätsvorstellungen** entsprechen?
3. Die neuen Produkte Ihres Sortiments könnten Sie sowohl von neuen Lieferern als auch von ihren bisherigen Lieferern beziehen. Erläutern Sie, welche Vorteile damit jeweils verbunden sind.
4. Wie können Sie verhindern, dass Ihr Lieferer Sie vorzeitig beliefert?

Lösung s. Seite 80

Vorschlag 5: Marken, Sortimentsbildung, Kundenpflege

Ausgangssituation:

Sie beraten Kunden aus der Gastronomie bei der Auswahl von Geräten – z. B. Espresso-Mühlen und Espresso-Maschinen – und informieren sie über Ihr Kern- und Randsortiment.

Leitfragen:

1. Mit welchen Argumenten versuchen Sie, Gastronomen von den Produkten Ihres Sortiments so zu überzeugen, dass es zu Kaufabschlüssen kommt?

2. Sie sehen hier zwei verschiedene Espresso-Mühlen.

Poccino Precisa-Mühle; 185 €

Poccino Concerto-Mühle; 345 €

Quelle: *https://www.poccino.de/espresso/espressogeraete/espressomuehlen/*

Überzeugen Sie einen Kunden, dass er sich für die Concerto-Mühle entscheidet.

3. Erläutern Sie, ob es leichter ist, mittels **Eigenmarken** oder mittels **Handelsmarken** Kundenbindung zu erreichen.
4. Außer durch „Kundenpflege" können Sie Kunden auch auf andere Weise an sich binden. Wodurch gelingt Ihnen das, und weshalb ist es wichtig, Kunden an sich zu binden?

Lösung s. Seite 81

Vorschlag 6: Merchandising, Sales Promotion

Ausgangssituation:

Sie unterstützen Ihre Kunden mit Marketing-Konzepten. Darüber hinaus ist Kundenakquise eine dauerhafte Aufgabe.

Leitfragen:

1. Prinzipiell können Sie die Instrumente **Merchandising** oder **Sales Promotion** einsetzen. Erläutern Sie den Unterschied beider Konzepte und beurteilen Sie, welches der beiden Konzepte eher geeignet ist, Kundentreue zu erzeugen.
2. Das Erstellen von Konzepten ist zunächst mit Kosten verbunden. Warum tun Sie es dennoch?
3. Wie können Sie Kunden halten bzw. gewinnen, ohne dass Sie sich auf einen Preiswettbewerb einlassen?
4. Sie haben Ihr Sortiment um neue Produkte erweitert. Was halten Sie von **Einführungsrabatten** als Mittel zur Kundengewinnung?
5. Sie haben Ihre Kunden analysiert und festgestellt, dass Sie ca. 10 % A-Kunden, 40 % B-Kunden und rund 50 % C-Kunden haben. Erläutern Sie, wodurch sich A-, B- und C-Kunden unterscheiden und auf welche Kategorie Sie Ihre Kundenpflege besonders konzentrieren und weshalb.

Lösung s. Seite 82

Vorschlag 7: Sortimentsberatung

Ausgangssituation:

Sie informieren Kunden sowohl persönlich als auch telefonisch über Ihr Sortiment im Lebensmittelgroßhandel und beraten sie.

Leitfragen:

1. Sie bieten Ihren Kunden u. a. Verpackungsmaterialien und verschiedene Eisbecher an. Eishörnchen haben Sie aber nicht im Sortiment. Weshalb nicht? Erläutern Sie einige plausible Gründe.
2. Was ist Ihren Kunden bei den Artikeln besonders wichtig? Auf was legen Ihre Kunden besonderen Wert? Erklären Sie, wie Sie dem entsprechen.
3. Sie erfahren, dass in Düsseldorf jemand beabsichtige im nächsten Sommer in einer Top-Lage (Schadow-Arkaden) eine Eisdiele zu eröffnen. Was unternehmen Sie, um diesen potenziellen Kunden für sich zu akquirieren?
4. Sie wollen den Preiswettbewerb mit Ihren Konkurrenten umgehen, weil Sie ihn auf Dauer nicht gewinnen können. Was unternehmen Sie stattdessen, damit Ihre Kunden dennoch Ihre (höheren) Preise akzeptieren?
5. Was halten Sie vom **indirekten Vertrieb**? Stellen Sie den Unterschied zum **direkten Vertrieb** dar und beurteilen Sie, welche Form Sie für Ihr Unternehmen für sinnvoll erachten.

Lösung s. Seite 82

Vorschlag 8: Sortimentsgestaltung, Kundenbetreuung, Kundenakquise

Ausgangssituation:

Nehmen Sie an, Ihr Unternehmen krempelt gerade alles um: Das Sortiment soll anders werden und künftig mehr nachhaltige Produkte enthalten. Ihre Bestandskunden wollen Sie auf jeden Fall halten und zugleich müssen Sie neue Kunden akquirieren.

Leitfragen:

1. Wenn Sie erstmals mit einer solchen Umgestaltung befasst sind, kommt Ihnen dieses Vorhaben vor, als sollten Sie mit mehreren Bällen gleichzeitig jonglieren. Was ist daran so herausfordernd?
2. Sie möchten mehr **nachhaltige** Produkte ins Sortiment nehmen. Weshalb bedeutet das nicht zwingend auch eine **Sortimentserweiterung**?
3. Schlagen Sie ein paar Maßnahmen vor, die geeignet sind, die Bestandskunden als Kunden zu halten.
4. Was würden Sie tun, um neue Kunden zu akquirieren?

Lösung s. Seite 83

Vorschlag 9: Interne und externe Kooperation

Ausgangssituation:

Als mittelständisches Unternehmen sehen Sie kaum Möglichkeiten, sich gegenüber größeren Wettbewerbern durchzusetzen. Sie überlegen deshalb, mit anderen mittelständischen Großhandelsunternehmen zu kooperieren.

Leitfragen:

1. Auf welchen Gebieten könnten Sie kooperieren und mit wem?
2. Wie können Sie Ihr Sortiment durch eine Kooperation verbessern und attraktiver machen?
3. Weshalb sollten Einkauf und Verkauf kooperieren?
4. Inwiefern könnten Unternehmen ihre Organisation so verändern, dass Kooperation die Regel und nicht die Ausnahme wird?

Lösung s. Seite 84

Vorschlag 10: Umschlagshäufigkeit, Reklamationsquote, ABC-Analyse

Ausgangssituation:

Ihnen liegt der folgende Datenauszug vor:

Artikel	Umschlagshfgk.	Reklamationsquote	Absatzanteil	Umsatzanteil
2650-9	12,5	0,5 %	12,0 %	24,9 %
2310-0	20,0	3,0 %	5,7 %	35,0 %
2109-7	5,3	8,2 %	25,5 %	10,0 %

Leitfragen:

1. Welche Erkenntnisse können Sie diesem Datenauszug entnehmen und welche Maßnahmen leiten Sie als Schlussfolgerungen daraus ab?
2. Wie ermitteln Sie die Reklamationsquoten und weshalb sind Reklamationsfälle nicht nur negativ zu beurteilen?
3. Welchen der o. g. Artikel würden Sie bestimmt nicht aus dem Sortiment nehmen und weshalb nicht?
4. Welchen der o. g. Artikel würden Sie am ehesten aus dem Sortiment entfernen und weshalb?
5. Welche Alternative schlagen Sie vor, statt der Sortimentsbereinigung?

Lösung s. Seite 84

2.4 Einkauf und Beschaffungslogistik

Vorschlag 1: Bestellverfahren, Bestelloptimum

Ausgangssituation:

Sie betreuen in Ihrem Unternehmen den Bereich Einkauf und die Logistik. Seit einiger Zeit stellen Sie fest, dass der eine oder andere Ihrer Lieferer in der letzten Zeit häufiger Probleme hatte, den Liefertermin einzuhalten. Sie überlegen, was zu tun ist und denken dabei auch über Ihr Beschaffungsverhalten nach.

Leitfragen:

1. Nehmen Sie an, Sie erwarten für morgen die Lieferung von 1,0 Liter-Trinkflaschen. Heute ruft Sie der Flaschenhersteller an und bittet um Verständnis, dass er die Flaschen erst in zwei Wochen liefern kann und begründet das mit Schwierigkeiten eines seiner Zulieferer.
   a) Da das schon öfter vorgekommen ist, schlagen Sie Ihrem Chef Maßnahmen vor, wie Ihr Unternehmen sich künftig vor solchen Überraschungen schützen kann und erläutern die Folgen, die die von Ihnen vorgeschlagenen Maßnahmen haben werden.
   b) Mit welchen Gegenargumenten rechnen Sie und was könnten Sie entgegnen?
2. Sie überlegen grundsätzlich, ob Sie in Zukunft das **Bestellrhythmus**- oder das **Bestellpunktverfahren** anwenden sollen.
   a) Erklären Sie den Unterschied.
   b) In welchem Fall führen beide Verfahren zum selben Bestellverhalten?
3. Weshalb ist es schwierig, immer eine **optimale Menge** zu bestellen?

Lösung s. Seite 85

Vorschlag 2: Lieferbeziehungen pflegen und gestalten

Ausgangssituation:

Ihre Aufgabe im Einkauf ist es, die Beziehungen zu aktuellen und potenziellen Lieferern zu pflegen und die Verhandlungen mit ihnen so zu gestalten, dass Ihr Unternehmen wettbewerbsfähig bleibt.

Leitfragen:

1. Sie beziehen Ihre Waren von zahlreichen Lieferern. Sie wären überfordert, wollten Sie mit allen Lieferern Preise und Konditionen verhandeln. Deshalb wählen Sie aus, mit welchen Lieferern Sie spezielle Verhandlungen führen. Beschreiben Sie, mittels welchen Verfahrens Sie die Lieferer herausfinden, mit denen Sie verhandeln wollen.
2. Wenn Sie Ihre angeschlossenen Einzelhandelsmärkte mit Waren versorgen wollen, sind Sie auf Lieferer angewiesen, auf die Sie sich verlassen können. Machen Sie Vorschläge, wie Sie als Kunde dauerhaft Lieferer an sich binden können.

3. Nehmen Sie an, Sie müssten sich entscheiden, ob Sie
   a) Ihren gesamten Jahresbedarf eines bestimmten Artikels bei einem Lieferer beziehen, der Ihnen dafür einen sehr günstigen Stückpreis einräumt

   oder

   b) Ihren Jahresbedarf bei mehreren Lieferern decken. Erläutern Sie die Risiken der beiden Strategien.
4. a) Erklären Sie, was der **Meldebestand** angibt und von welchen Größen er abhängt.
   b) Beurteilen Sie die Aussagekraft von **Lagerkennzahlen** und welche Folgerungen Sie daraus für die Warenbeschaffung ziehen.

Lösung s. Seite 86

Vorschlag 3: Beschaffungskosten und Beschaffungsprozess

Ausgangssituation:

Sie überprüfen Ihre Beschaffungspolitik und auch Ihre Lieferantenbeziehungen. Ihr Ziel ist es, die Beschaffungskosten zu reduzieren und den Beschaffungsprozess zu verbessern.

Leitfragen:

1. Einer Ihrer Kollegen schlägt vor, für bestimmte Artikelgruppen den **Bestellrhythmus** zu verlängern. Erklären Sie, inwiefern dadurch das oben beschriebene Ziel erreicht werden kann.
2. Die Strategie, die Ihr Kollege vorschlägt, birgt allerdings auch Risiken. Erläutern Sie eine nachteilige Folge dieser Strategie.
3. Für eine bestimmte Artikelgruppe haben Sie einen Höchstbestand von 500 Mengeneinheiten (ME) und einen Mindestbestand in Höhe eines dreifachen Tagesabsatzes festgelegt. Im Durchschnitt verkaufen Sie täglich 15 ME ab. Ihr Lieferer benötigt eine Lieferzeit von vier Tagen. Sie wollen Ihr Bestellverfahren auf das **Bestellpunktverfahren** umstellen und müssen deshalb einen **Meldebestand** ermitteln.
   a) Wie ermitteln Sie den Meldebestand und was besagt er?
   b) Welchen **Bestellvorschlag** unterbreitet Ihnen das Warenwirtschaftssystem, wenn Sie dem System vorgegeben haben, immer bis zum Höchstbestand zu bestellen?
   c) Nennen Sie zwei Argumente, weshalb ein **Höchstbestand** festgelegt wird.
   d) Welche Funktion hat der **Mindestbestand**?
   e) Erläutern Sie zwei plausible Gründe, weshalb Sie dem Bestellvorschlag Ihres Warenwirtschaftssystems nicht immer folgen.
4. Ein anderer Kollege schlägt vor, die Anzahl der Lieferer zu reduzieren. Erläutern Sie das Für und Wider dieses Vorschlags.

Lösung s. Seite 89

Vorschlag 4: Beschaffungssicherung, Transport und Lagerung

Ausgangssituation:

Sie arbeiten in einem Lebensmittelgroßhandel und werden beauftragt, das Beschaffungswesen im Unternehmen zu verbessern.

Leitfragen:

1. Die folgende Aussage findet sich auf der Internetseite Ihres Unternehmens. *„Auf jedem Feld, auf dem Möhren wachsen, die wir vermarkten, stehen wir jedes Jahr selbst im Feld und ziehen Laub- oder Möhrenproben. Das gilt für unsere Erzeuger in Deutschland ebenso wie für Kooperationspartner in Portugal, Frankreich oder Spanien."*
   a) Schildern Sie uns, was Ihr Unternehmen an den Laub- und Möhrenproben feststellen will.
   b) Was passiert, wenn die Proben nicht zu Ihrer Zufriedenheit ausfallen?
2. a) Wie gewährleisten Sie die Möhrenbeschaffung, wenn es Missernten gibt?
   b) Sie binden sich aufgrund der Produkte anders als andere Großhändler längerfristig an Ihre Lieferer. Deshalb ist die Liefererauswahl besonders wichtig. Worauf achten Sie bei der Auswahl Ihrer Bezugsquellen und wie läuft der Prozess der Lieferantensuche ab?
3. Die Produkte Ihres Sortiments erfordern eine besondere Logistik. Wie gewährleisten Sie, dass die Möhren durch Transport und Lagerung nicht an Qualität verlieren?
4. Ihr Unternehmen hat sich für Eigentransport und Eigenlagerung entschieden.
   a) Worin sehen Sie die Vorteile der Eigenlagerung?
   b) Transportieren Sie nur die Waren zum Kunden oder holen Sie mit Ihrem Fuhrpark auch Waren vom Erzeuger ab? (Begründung)

Lösung s. Seite 90

Vorschlag 5: Optimale Bestellmenge

Ausgangssituation:

Sie werden beauftragt, das Beschaffungswesen in einer Lebensmittelgroßhandlung zu verbessern.

Leitfragen:

1. Die Beschaffung neuer Ware klappt nicht mehr wunschgemäß. Schildern Sie zwei Risiken, die im Zusammenhang mit der Warenbeschaffung auftreten können und machen Sie Lösungsvorschläge.
2. Sie haben für verschiedene Artikel Ihres Sortiments die **optimalen Bestellmengen** ermittelt.
   a) Warum wurden nicht für sämtliche Artikel optimale Bestellmengen festgelegt?
   b) Welche Faktoren beeinflussen auf welche Weise die optimale Bestellmenge?
   c) Erläutern Sie zwei Gründe, weshalb oftmals andere Mengen als die optimale Bestellmenge bestellt werden müssen.

3. Einer Ihrer Lieferer bietet Ihnen künftig statt Mengenrabatt einen Jahresbonus an. Erläutern Sie, ob dies für Sie einen Vorteil darstellen würde.
4. Der Handel mit frischem Fisch erfordert einen bestimmten logistischen Aufwand. Worauf ist bei der Qualitätskontrolle zu achten?

Lösung s. Seite 91

Vorschlag 6: Qualitätssicherung bei der Warenbeschaffung

Ausgangssituation:

Sie unterziehen das Beschaffungswesen Ihres Unternehmens einer kritischen Überprüfung und kontrollieren, ob die Logistik optimiert werden kann.

Leitfragen:

1. Das folgende Zitat stammt von der Internetseite Ihres Ausbildungsbetriebs: *„Um die hohe Qualität unserer Produkte zu sichern, legen wir außerordentlichen Wert auf die Auswahl unserer Produzenten. Es ist uns eine Freude, Ihnen Produkte von höchster Qualität zu bieten.*

   Nur Produkte, die uns wirklich qualitativ überzeugen, nehmen wir in unser Angebot für Sie auf. Wir legen deshalb äußerst hohen Wert auf die Arbeit unserer Produzenten."

   a) Schildern Sie uns, was *„außerordentlichen Wert auf die Auswahl der Produzenten"* zu legen und von Produkten *„qualitativ überzeugt*' zu werden, bedeutet. Wie ist der Ablauf, wenn Sie neue Lieferer suchen?

   b) Wie können Sie sicher sein, dass eine Warenlieferung auch die Qualität enthält, die Ihnen zugesagt wurde?

2. Sie beziehen auch Tiefkühlware.

   a) Erläutern Sie, welchen **Incoterm** Sie hierbei mit Ihrem Lieferer vereinbaren sollten.

   b) Wie können Sie feststellen, dass die Kühlkette während des Transports nicht unterbrochen wurde? Erklären Sie auch, weshalb die Kühlkette ununterbrochen sein muss.

   c) Sobald die Tiefkühlware bei Ihnen angekommen ist, greift Ihr **HACCP-Konzept**. Erklären Sie, was das ist und wo Ihre kritischen Punkte liegen.

3. a) Erklären Sie ein nach EU-Recht auf Fertigpackungen vorgeschriebenes Kennzeichnungselement.

   b) Welche Konsequenzen ergeben sich daraus für Ihre Beschaffung?

Lösung s. Seite 92

Vorschlag 7: Warenwirtschaftssystem

Ausgangssituation:

Die verschiedenen Module eines Warenwirtschaftssystems bieten Ihnen eine Vielzahl von Daten, die notwendige Informationen für betriebliche Entscheidungen liefern.

Leitfragen:

1. Welche Informationen können Sie für Ihre **Beschaffung** und welche für Ihren **Vertrieb** entnehmen?
2. Exakte Erfassung der Daten ist wichtig. So ist es ein Unterschied, ob Sie mit einem Kunden „Lieferung 02.07.20..“ oder „Lieferung 02.07.20.. fix“ vereinbart haben. Erläutern Sie den Unterschied.
3. Wie können Sie beim Erfassen von Daten – z. B. bei der Inventur – Eingabefehler vermeiden?
4. **Kommunikation** ist wichtig. Wie stellen Sie sicher, dass die Außendienstmitarbeiter bei den Kundenbesuchen „die Augen offen halten“ und ihre Informationen auch an die Zentrale weitergeben?
5. Im Lager wird im Schichtbetrieb gearbeitet. Es wird überlegt, die Arbeitszeit der Mitarbeiter elektronisch zu erfassen. Bevor Sie die Zeiterfassung implementieren können, ist einiges zu beachten. Was müssen Sie im Vorfeld klären und regeln?

Lösung s. Seite 94

Vorschlag 8: Warenwirtschaftssystem, betriebliche Kennzahlen

Ausgangssituation:

Sie wenden Informations- und Kommunikationssysteme im Unternehmen an, kennen die Auswirkungen auf den Arbeitsalltag und die Arbeitsabläufe und sind mit personalwirtschaftlichen Problemstellungen vertraut.

Leitfragen:

1. Beschreiben Sie das von Ihnen genutzte **Warenwirtschaftssystem**. Gehen Sie insbesondere auf folgende Aspekte ein: Was leistet es? Wo erleichtert es Ihre Arbeit? Ist das Warenwirtschaftssystem erweiterbar? Was müsste es besser können?
2. Bei der **Warenannahme** und beim **Kommissionieren** kann es immer wieder einmal zu Fehlern bzw. Irrtümern kommen. Mit welchen (auch technischen) Mitteln können Sie Irrtümern und Fehlern vorbeugen bzw. sie reduzieren?
3. Es gibt eine Reihe **von „Management-by-Konzepten“**. Erläutern Sie bei zwei Konzepten, welche Vorzüge sie haben.
4. Mitarbeiter**motivation** und Mitarbeiter**bindung** ist heute nicht weniger wichtig als Kundenakquise und Kundenbindung.
   a) Welche Möglichkeiten zur Mitarbeitermotivation werden heute vor allem diskutiert?
   b) Wie können Informations- und Kommunikationssysteme dazu beitragen, Mitarbeiter an das Unternehmen zu binden? (Denken Sie hierbei vor allem an jüngere Entwicklungen)
5. Skizzieren Sie ein **Organigramm** ihres ausbildenden Unternehmens und erklären Sie das dahinterstehende Organisationsprinzip.

Lösung s. Seite 95

Vorschlag 9: Lagerhaltungssysteme, Lagerkennzahlen

Ausgangssituation:

Sie werden beauftragt, Ihre Lagerhaltung zu analysieren.

Leitfragen:

1. a) Erläutern Sie, was ein **Festplatzsystem** von einem **Freiplatzsystem** im Lager unterscheidet.
   b) Begründen Sie, welches **Lagerhaltungssystem** in Ihrem ausbildenden Unternehmen angewandt wird.
2. a) Inwiefern bindet Lager Kapital?
   b) Machen Sie einen Vorschlag, diese Kapitalbindung zu verringern.
3. a) Mit welchen **Lagerkennzahlen** können Sie die Wirtschaftlichkeit Ihres Lagers beurteilen?
   b) Welche Faktoren, die die Lagerkennzahlen beeinflussen, können Sie als Groß- und Außenhändler selbst steuern?
4. Erläutern Sie, wie Sie Ihren Lagerbestand bewerten und weshalb.
5. Nehmen Sie einmal an, ein Großhändler betreibt **Eigenlagerung**.
   a) Weshalb würde er nicht sogleich auf Fremdlagerung umsteigen, auch wenn diese erheblich kostengünstiger wäre?
   b) Wann würde er Fremdlagerung (auch) nutzen, selbst wenn sie teurer wäre?

Lösung s. Seite 95

Vorschlag 10: Lagerkosten, Warenkontrolle

Ausgangssituation:

Sie stellen fest, dass Ihre Lagerkosten im Vergleich zum Durchschnitt Ihrer Konkurrenten zu hoch sind.

Leitfragen:

1. Machen Sie Vorschläge, wie Sie die Lagerkosten senken können. Gehen Sie dabei auch auf die unterschiedlichen Arten der Lagerkosten (Lagerkapazitätskosten, Einrichtungskosten, Lagerbestandskosten) ein.
2. Welche Lagerkennzahlen müssen sich verbessern, um Lagerkosten zu senken?
3. a) Warum kontrollieren Sie die Ware, bevor Sie sie zur Einlagerung freigeben?
   b) Warenkontrolle ist aufwendig. Inwiefern kann sie aber dazu beitragen Lagerkosten zu reduzieren?
4. Wie wirken sich **Cross-docking, Just-in-time-Belieferungen** und **Streckengeschäfte** auf Ihre Lagerhaltungskosten aus? Wägen Sie positive und negative Aspekte ab.

Lösung s. Seite 96

Vorschlag 11: Lagerhaltungskosten und -risiken

Ausgangssituation:

Ein Unternehmen, das seinen Sitz in Deutschland hat und Kunden im gesamten Europäischen Wirtschaftsraum beliefert, unterhält neben einem Hauptlager in Ludwigshafen (D), dessen Kapazitäten nahezu erschöpft sind, ein Auslieferungslager in Grimsby (GB), von wo aus nicht nur Kunden in ganz Großbritannien, sondern auch Kunden in Irland und in Skandinavien beliefert werden.

Leitfragen:

1. Angesichts des Brexits überlegt das Unternehmen, ob die Lagerstandorte noch sinnvoll sind. Was raten Sie dem Unternehmen?
2. Prinzipiell kann jedes Unternehmen entscheiden, ob es mit einer zentralen oder dezentralen Lagerhaltung arbeitet. Geben Sie eine begründete Einschätzung, wann eine zentrale Lagerung sinnvoller sein wird als eine dezentrale Lagerung.
3. Im Unternehmen stellt man fest, dass die Lagerbestandskosten (= Lagerhaltungskosten) zu hoch sind. Was könnte das Unternehmen ändern, damit die Lagerhaltungskosten dauerhaft gesenkt werden.
4. Woher nimmt ein Unternehmen die Erkenntnis, dass seine Lagerhaltungskosten zu hoch seien?
5. Lagerhaltung birgt Risiken. Erläutern Sie zwei.

Lösung s. Seite 97

Vorschlag 12: Qualitätssicherung im Lager

Ausgangssituation:

Ein Großhandelsunternehmen richtet seine Lagerhaltung am HACCP-Konzept aus.

Leitfragen:

1. Erläutern Sie, weshalb das Unternehmen das HACCP-Konzept anwendet und was es beinhaltet.
2. Beschreiben Sie, wie sich das Konzept auf den Arbeitsablauf im Lager auswirkt.
3. Gerade im Bereich Lebensmittel gibt es noch weitere – z. T. weitergehende – Standards. Geben Sie ein Beispiel an.
4. Beschreiben Sie möglichst konkret, wie Hygiene- und Sauberkeitsvorschriften im Lager zur Qualitätssicherung beitragen.

Lösung s. Seite 98

Vorschlag 13: Lieferkettenproblematik

Ausgangssituation:

In diesen Zeiten lesen und hören Sie viel von Lieferkettenproblemen und von Lieferverzögerungen. Sie verschaffen sich einen Überblick, welche Artikelgruppen Ihres Sortiments von Lieferschwierigkeiten betroffen sind und versuchen, Abhilfe zu schaffen.

Leitfragen:

1. Welche Waren sind besonders von den Lieferproblemen betroffen und können Sie Gemeinsamkeiten bei den betroffenen Waren erkennen?
2. Solche Lieferschwierigkeiten sind für kein Unternehmen schön. Welche praktischen Probleme bringen diese für Sie mit?
3. Machen Sie Vorschläge
   a) was Sie tun können, nachdem Sie wissen, dass Lieferungen nicht wie geplant kommen werden
   b) wie Sie künftig vermeiden können, von solchen Schwierigkeiten betroffen zu werden.
4. Angenommen, Sie finden andere als Ihre bisherigen Bezugsquellen, die auch lieferfähig sind und bestellen Ihre benötigten Waren jetzt dort. Weshalb haben Sie nicht schon früher auf diese Bezugsquellen zurückgegriffen?
5. Grundsätzlich stehen Sie bei der Warenbeschaffung immer vor dem Dilemma, viel auf einmal zu bestellen oder lieber öfter, dafür aber weniger zu bestellen. Warum ist das ein Dilemma und wie lösen Sie es?

Lösung s. Seite 100

Vorschlag 14: Qualitäts- und Mengensicherung

Ausgangssituation:

Sie unterziehen Ihre bisherige Beschaffung und Logistik einer kritischen Bewertung und schlagen ggf. Veränderungen vor, die Sie plausibel begründen.

Leitfragen:

1. Unterscheiden Sie Kern- und Randsortiment Ihrer Weinhandlung.
2. Die Produkte Ihres Sortiments sind naturgemäß außer vom Können der Winzer vom Klima abhängig. Wie wirkt sich der **Klimawandel** auf Ihr Sortiment aus?
3. Wie stellen Sie sicher, dass Ihre Bezugsquellen auch künftig die von Ihnen gewünschten Mengen in der geforderten Qualität liefern können?
4. Die eintreffenden Weine sollen bei Ihnen bis zum Verkauf nichts an Qualität einbüßen. Wie sorgen Sie dafür, dass die Weine durch Ihre Lagerung ihre Qualität behalten? Beurteilen Sie auch die Qualitätssicherung entlang der gesamten Logistikkette.

Lösung s. Seite 101

INFO

„Wen du nicht mit Können beeindrucken kannst, den verwirre mit Schwachsinn."
Quelle: *www.likemonster.de*

Besser ist es umgekehrt. Die Lösungstipps zu den Prüfungsgebieten geben Ihnen Anhaltspunkte für Ihr Prüfungsgespräch, erheben aber nicht den Anspruch, dass die hier skizzierten Aspekte die einzig denkbaren sind. Sie sollen Ihnen Anregungen geben und helfen, mit Ihrem Wissen und Können zu beeindrucken, damit Sie nicht mit Schwachsinn verwirren müssen.

2.1 Internationaler Handel und Auslandsmärkte

Lösung zu Vorschlag 1: Import und Export

Prinzipiell sind Auszubildende beider Fachrichtungen in der Lage, die erste Leitfrage zu beantworten. Auszubildende der Fachrichtung Außenhandel müssten sie auf jeden Fall beantworten können.

Bei der ersten Frage geht es um Ausgangsrechnungen, eine an einen Kunden in den Niederlanden und eine an einen Kunden in Fernost. Beide Rechnungen sind gleichlautend (weil beiden die gleichen Waren geliefert wurden) und beide enthalten keine Umsatzsteuer – aber aus unterschiedlichen Gründen! Der Unterschied in beiden Rechnungen liegt also nicht in den Rechnungen selbst, sondern im Grund, weshalb in beiden Fällen keine Umsatzsteuer berechnet wird.

Die Lieferung an den Kunden in Fernost stellt aus deutscher Sicht einen **Export** dar. Exporte sind zwar steuerbare aber steuerfreie Umsätze. Deshalb wird hierauf keine Umsatzsteuer erhoben und folglich auch nicht berechnet. Die Lieferung an den Kunden in den Niederlanden ist dagegen eine **innergemeinschaftliche Lieferung**, die zwar ebenfalls steuerbar aber auch steuerpflichtig ist. Nur schuldet bei **Warenverbringung innerhalb des EU-Binnenmarktes** nicht der Lieferer die Umsatzsteuer – weshalb er sie dem Kunden auch nicht berechnet –, sondern der Kunde. Er versteuert seinen Einkauf mit dem Umsatzsteuersatz, der in den Niederlanden gilt. Im innergemeinschaftlichen Warenverkehr ist die Umsatzsteuer eine Erwerbssteuer.

Als vertiefende Gesprächsinhalte bieten sich in Erweiterung der ersten Leitfrage an:

- Aus welchem Grund gilt in der EU diese Erwerbssteuerregelung?
- Welche Bedeutung hat die Umsatzsteuer-Identifikationsnummer?

Unter 2. wechseln Sie jetzt in die Rolle eines Importeurs. Sie müssen wissen, dass die Europäische Union Zollgebiet ist. Es entsteht Zollpflicht, sobald Ware aus **Drittstaatsgebieten (= Nichtunionsware)** in die EU eingeführt wird. Wenn es sich um einen **Wertzoll** handelt, richtet sich der Zoll nach dem Zolltarif, aus dem der **Zollwert** berechnet wird.

Den Zollwert zu berechnen ist einfach, weil Sie hierbei nur an die Bezugskalkulation denken müssen. Der Zollwert ergibt sich, indem man auf den Bareinkaufspreis den Teil der Bezugskosten hinzurechnet, der außerhalb der EU angefallen ist. Bezugskosten, die erst anfallen, nachdem sich die Ware bereits auf EU-Gebiet befindet, stellen keine Importe dar. Sie sind daher nicht zu verzollen und dürfen deshalb auch nicht in den Zollwert einfließen.

In der dritten Leitfrage wird danach gefragt, wie für Kunden sichtbar wird, dass die Selbstbeschreibung eines Lieferers, dass er bzw. seine Produkte für „Sicherheit und Gesundheit" stünden, nachvollziehbar und glaubhaft wird. Ein Indikator sind z. B. Zertifizierungen durch unabhängige Institutionen (z. B. TÜV). Da ein Unternehmen, das selbst zertifiziert ist oder mit zertifizierten Produkten handelt, dies auch nach außen kommuniziert, ist die Zertifizierung für den Kunden ein deutliches Zeichen. Die Kunden sollten darauf achten, ob das Zertifikat noch gültig ist, weil Zertifikate nur zeitlich befristet erteilt werden. Vertiefen lässt sich das Fachgespräch dann über Zertifikate und deren Aussagekraft aus dem eigenen Ausbildungsbetrieb.

Lösung zu Vorschlag 2: Einfuhrabgaben bei Importen

Dieser Vorschlag richtet sich hauptsächlich an Auszubildende der Fachrichtung Außenhandel. Anstelle der in der ersten Leitfrage angesprochenen Länder Malawi und Korea können Sie sich beliebige andere Staaten vorstellen. Wichtig ist nur, dass eines der beiden Länder mit der EU über Präferenz-, Freihandels- oder Assoziierungsabkommen verbunden ist und das andere nicht. Für den Fall, dass Sie gleiche Produkte aus beiden Ländern importieren, wird auf die Importe aus dem Staat, mit dem die EU ein entsprechendes Abkommen geschlossen hat, weniger Zoll erhoben werden als auf die Importe des anderen Landes.

In der zweiten Leitfrage begegnen Sie Standardbegriffen, die Sie als Außenhändler kennen. Der **Zollwert** errechnet sich durch die Addition des Bareinkaufspreises mit den außerhalb der EU-Grenzen anfallenden Transportkosten. Die **Einfuhr-Umsatzsteuer** berechnen Sie auf die Summe aus Zollwert und Zollbetrag zuzüglich eventueller Verbrauchsteuern. Im Fachgespräch sollten Sie zum Ausdruck bringen, dass damit ja eine Steuer versteuert wird, da die Importeure auch auf die Verbrauchsteuer Umsatzsteuer zahlen müssen. Darüber hinaus sollten Sie anmerken, dass der Steuersatz bei der Einfuhr-Umsatzsteuer derselbe ist wie bei der „normalen" Umsatzsteuer. Sie buchen Sie nur auf unterschiedlichen Konten.

Die Incoterms sind den Auszubildenden beider Fachrichtungen vertraut, sodass Sie natürlich wissen, dass man einem Incoterm auch entnehmen kann, wer den Zoll zu zahlen hat. Nutzen Sie im Prüfungsgespräch die Gelegenheit, darauf hinzuweisen, dass mithilfe der Incoterms drei Sachverhalte geregelt werden:

- wer bis an welchen Ort die **Transportkosten** zahlen muss
- wer bis an welchen Ort das **Transportrisiko** trägt
- wer den **Beförderungsvertrag** abschließen muss.

Sobald die importierten Waren zum **zollrechtlich freien Verkehr** freigegeben worden sind, können Sie sie in den Wirtschaftsverkehr bringen, d. h. Sie können Sie verkaufen und ausliefern. Kunden aus anderen EU-Staaten fällt das leicht, weil es sich dann um innergemeinschaftlichen Warenverkehr handelt, d. h. sie importieren sie nicht, es fällt innerhalb des Binnenmarkts kein Zoll an und die zu entrichtende Umsatzsteuer ist für sie dieselbe, die auch anfällt, wenn sie die Produkte von einem heimischen Lieferer beziehen.

Lösung zu Vorschlag 3: Direkter und indirekter Import

In der ersten Leitfrage wird nach dem Unterschied zwischen **direktem** und **indirektem** Import gefragt. Als Direktimporteur beziehen Sie die Artikel vom Anbieter im Ausland. Als indirekter Importeur würden Sie die Produkte aus dem Ausland nicht selbst im Ausland kaufen, sondern bei Importeuren, die diese Ware von dort beschafft haben und jetzt an Sie verkaufen. Im Vorschlag wird zwar von einem Direktimporteur ausgegangen, Sie sollten unabhängig davon aber in der Lage sein, Ihr ausbildendes Unternehmen als direkten oder indirekten Importeur identifizieren zu können.

Die zweite Leitfrage betrifft Zollabgaben. Darunter versteht man zum einen den Betrag, den ein Importeur als Zoll abführen muss und zum anderen die Einfuhr-Umsatzsteuer. Warum der Zollsatz auf das gleiche Produkt bei Importen aus manchen Ländern niedriger ist als auf Importen aus anderen Ländern hat seine Ursache in dem Präferenzabkommen der EU mit Staaten aus dem afrikanischen, karibischen und pazifischen Raum (AKP-Abkommen). Die Dominikanische Republik, Haiti und Jamaika sind Partner des AKP-Abkommens und haben dadurch mit ihren Erzeugnissen bevorzugten (= präferierten) Zugang zum EU-Binnenmarkt. Deshalb sind die Zölle auf deren Produkte niedriger als die auf mexikanische Erzeugnisse, weil Mexiko kein Teilnehmerstaat des AKP-Abkommens ist.

Das in der dritten Leitfrage angesprochene Reinheitsgebot von 1516 besagt, dass wer Bier braut, nur Wasser, Hopfen, Malz und Hefe einsetzen darf. Im Grunde stellte dies das erste Gesetz zum Verbraucherschutz dar. Auch Brauereien im Ausland, die nach dem Reinheitsgebot brauen, werben damit, dass sie nach dem deutschen Reinheitsgebot gebraute Biere herstellen. Nach einem Urteil des Europäischen Gerichtshofes vom März 1987 dürfen auch im Ausland produzierte Biere, die nicht nur Hefe, Hopfen, Malz und Wasser enthalten, unter dem Begriff „Bier“ verkauft werden (wenn die Zutaten deklariert sind), weil das Reinheitsgebot ja nicht das Ziel habe, Marktzugangsschranken zu errichten. Es müsse dem Verbraucher überlassen bleiben, ob er nach dem Reinheitsgebot gebrautes Bier oder Bier, das auch (chemische) Zusatzstoffe enthält, trinken will.

Lösung zu Vorschlag 4: Europäischer und außereuropäischer Markt

1. Lieferungen an Kunden in anderen EU-Staaten gehören zum **innergemeinschaftlichen Warenverkehr**, während es sich bei Lieferungen an Kunden im Drittstaatsgebiet um **Exporte** handelt. Exporte sind umsatzsteuerfrei. Innergemeinschaftliche Warenlieferungen sind hingegen umsatzsteuerpflichtig. Wegen der unterschiedlichen Umsatzsteuersätze in den EU-Staaten berechnet bei innergemeinschaftlichen Warenverkehr der Lieferer allerdings keine Umsatzsteuer, weil der Kunde (= Erwerber) die Ware im anderen EU-Staat entsprechend des in seinem Land geltenden Umsatzsteuersatzes versteuern muss.

   Das Fachgespräch kann an dieser Stelle vertieft werden, indem die Bedeutung der Umsatzsteuer-Identifikationsnummer besprochen wird. Das bietet sich im Zusammenhang mit der ersten Leitfrage an, weil die Finanzbehörden ja kontrollieren müssen, ob der Erwerber die Ware auch wirklich versteuert hat.

2. a) Eine Ausdehnung auf andere Märkte kann dadurch veranlasst sein, dass der Großhändler auf seinem bisherigen Markt an seine Grenzen stößt, dass der Markt gesättigt ist (→ stagnierende Umsätze) oder dass die Konkurrenz zu zahlreich ist. Ein anderer Grund könnte darin bestehen, dass der Großhändler sich nicht von einem Markt abhängig machen will und deshalb auch auf anderen Märkten tätig wird (→ Risikostreuung).

   b) Natürlich ist die Erschließung neuer Märkte mit Risiken verbunden. Man kann sich im Marktpotenzial ebenso verschätzen wie in der Zahl und der Stärke der Konkurrenten. Oder man unterschätzt die Treue der Kunden, die nicht bereit sind, zu neuen Anbietern zu wechseln.

   Eine wichtige Maßnahme der Risikovermeidung oder -reduktion besteht darin, sich über den Markt aus unterschiedlichsten Quellen zu informieren. Nach dem Markteintritt lassen sich durch die Wahl geeigneter Incoterms und Terms of payment ein Teil der Risiken beherrschen. Für außereuropäische Märkte kann der Großhändler sich zudem gegen Risiken versichern und sollte prüfen, ob staatliche *Hermes*-Ausfuhrgarantien infrage kommen.

3. a) Eigentlich ändert sich für den Großhändler nichts. Der Europäische Wirtschaftsraum (EWR) besteht aus den EU-Staaten und aus den EFTA-Staaten Norwegen, Island und Liechtenstein. Er basiert auf einem Staatsvertrag zwischen der EU und den drei EFTA-Staaten. Sie übernehmen die EU-Regeln zum Binnenmarkt (einschließlich Freizügigkeit) und haben ihre Rechtsnormen mit dem europäischen Recht kompatibel gemacht. Dafür steht Unternehmen aus diesen EFTA Staaten der EU-Binnenmarkt genauso offen wie Anbietern aus der EU der norwegische, isländische und liechtensteinische Markt. Es gibt keine tarifären oder nichttarifären Handelshemmnisse, sondern der gesamte EWR ist ein großer Binnenmarkt.

b) EU und EWR haben viel gemeinsam. Der Unterschied besteht darin, dass die drei EFTA-Staaten des EWR die EU-Rechtsnormen übernommen haben bzw. ihre Rechtsnormen daran angepasst haben, ohne auf die Normen selbst Einfluss nehmen zu können. Rechtgrundlagen in der EU schaffen die legislativen Organe der EU, nämlich das Europäische Parlament und der Rat der Europäischen Union („Ministerrat"). Darin sind aber nur Staaten vertreten, die der EU angehören.

4. Kulturelle Unterschiede können zu Missverständnissen führen. Das beginnt bei der Frage, wie man ein geschäftliches Gespräch eröffnet (→ Welche Rolle kommt dem Small Talk zu?) und geht bis zu der Frage, wie man Fragen verneint oder Änderungswünsche ablehnt (→ Kann man „nein" sagen und riskieren, dass der Geschäftspartner sein Gesicht verliert? Wie lässt sich ein „Nein" umschreiben damit es dennoch unmissverständlich bleibt?) Nicht zuletzt sind Worte und Gesten kulturell bedingt und können Wertschätzung ausdrücken oder – wenn auch unbeabsichtigt – mangelnde Wertschätzung zum Ausdruck bringen. Kulturell unterschiedlich ist auch die Bedeutung der Zeit. Daraus resultieren unterschiedliche Auffassungen über die Verbindlichkeit von Terminen.

Lösung zu Vorschlag 5: Handelshemmnisse

1. Markenschutz erlangt man durch Registrierung der Marke, damit sie vor Nachahmungen geschützt ist. Soll der Markenschutz weltweit gelten, muss die Marke im Internationalen Markenregister registriert sein. Die geschützte Marke wird dann in der **Gazette des marques internationales** veröffentlicht. Die Registrierung im Internationalen Markenregister kann nur eine Behörde anmelden, bei der die Marke bereits national oder europaweit geschützt ist (also z. B. das Deutsche Patent- und Markenamt).

2. Die Abbildung soll signalisieren, dass ein zorniges oder trauriges Kind (linke Abbildung), dem man das Produkt verabreicht (mittleres Bild) zufrieden und fröhlich wird (rechte Abbildung). Die Aussage verdreht sich im arabischen Raum in ihr Gegenteil, weil im Arabischen von rechts nach links gelesen wird.

   Das Fachgespräch könnte an dieser Stelle auf andere kulturelle Faktoren ausgedehnt werden, die ebenfalls die Kaufentscheidungen beeinflussen können.

3. Falls die Kalkulation des Verkaufspreises es zulässt, könnte der deutsche Exporteur den Incoterm DDP wählen und somit den Importzoll übernehmen. Natürlich wäre der Zoll in den Verkaufspreis einzukalkulieren. Der Vorteil für den Importeur bestünde darin, dass er in diesem Fall mit der Einfuhrabwicklung nichts zu tun hat. Eine andere Möglichkeit, den Importzoll zu unterlaufen besteht darin, in dem Land eine Produktionsstätte zu errichten und das Produkt dort herzustellen oder herstellen zu lassen. Diese Möglichkeit liegt für industrielle Anbieter näher als für Großhändler.

Lösung zu Vorschlag 6: Zollarten und internationaler Warenverkehr

1. Die Unterscheidung zwischen **Finanz-** und **Schutzzöllen** ist dem Zoll selbst nicht anzusehen, sondern ergibt sich aus dem Motiv der Erhebung. Werden Zölle erhoben, um dem Staat Einnahmen zu verschaffen, spricht man von Finanzzöllen. Sollen die Zölle dagegen die einheimischen Anbieter vor Konkurrenzprodukten aus dem Ausland schützen, liegen Schutzzölle vor.

   TIPP

   Sie können das Fachgespräch an dieser Stelle um politische Aspekte erweitern und erläutern, dass sich die Motive im Laufe der Zeit wandeln können und dass Schutzzölle wettbewerbswidrig und mit Freihandel unvereinbar sind.

   Als **Wertzölle** werden Zölle bezeichnet, deren Bemessungsgrundlage der Zollwert ist. **Gewichtszölle** bemessen sich hingegen am Zollgewicht (z. B. bei Stahl). **Mischzölle** sind Zölle, deren Bemessungsgrundlage aus Zollwert und Zollgewicht kombiniert wird.

   Bei **Exportzöllen** wird der Export von Waren verzollt, bei **Importzöllen** der Import von Waren. Um **Transitzölle** handelt es sich, wenn Zölle für die Durchleitung von Nichtunionsware durch das Unionsgebiet erhoben werden.

   Vertiefend sollten Sie im Fachgespräch auf die Tatsache hinweisen, dass Export- und Transitzölle in der EU nicht erhoben werden und das damit begründen, dass die Volkswirtschaften der EU exportabhängig sind und man schließlich nicht den Ast absäge, auf dem man sitzt.

2. Zölle sind tarifäre Handelshemmnisse. Noch bedeutender sind die **nichttarifären Handelshemmnisse**, deren Beseitigung in vielen Freihandelsabkommen geregelt ist. Solche nichttarifären Handelshemmnisse können in schleppender bürokratischer Abwicklung der Zollbeschau und Zollfreigabe bestehen, mit Hinweis auf Gesundheits- oder Verbraucherschutz zu erbringenden Dokumenten, Nichtzulassungen von Normen oder verbindlichen Vorgaben durch Umweltschutzauflagen, die im Importland strenger ausfallen als im Land des Exporteurs oder im Zweifel sogar nur für Importe, nicht aber für einheimische Produkte gelten.

3. Innerhalb einer Freihandelszone gibt es keine Zollgrenzen und keinerlei Handelshemmnisse. Die Staaten, die der Freihandelszone angehören, entscheiden jeweils für sich, wie hoch die Zollsätze für Importe von außerhalb der Freihandelszone sein sollen. Eine Zollunion kennt – wie die Freihandelszone – keine Handelshemmnisse innerhalb der Union. Anders als bei einer Freihandelszone werden aber die Außenzölle einheitlich und gemeinsam gestaltet. Das betrifft sowohl die Zoll-Rechtsgrundlagen als auch die Zolltarife.

4. Durch **Freihandelsabkommen** macht die EU den Warenverkehr mit den vertragschließenden anderen Ländern oder Regionen frei von Handelshemmnissen (z. B. CETA). Mit einem **Präferenzabkommen** werden Vertragspartnern Präferenzen (Vorteile) eingeräumt, die denjenigen, die keine Vertragspartner sind, nicht zugutekommen (z. B. AKP-Abkommen). Mit einem **Assoziierungsabkommen** ermöglicht die EU den Vertragspartner Zugang zum Binnenmarkt, auch wenn diese Staaten nicht der EU angehören. Der Zugang gilt i. d. R. nur für bestimmte Produkte, nicht für alle (sonst wäre es ein Freihandelsabkommen). Der Vertragspartner ist in Teilen also ganz eng mit der EU verbunden, ohne Teil von ihr zu sein (z. B. Assoziierungsabkommen mit der Türkei).

Lösung zu Vorschlag 7: Verschiedene Aspekte des Außenhandels

1. Diese Art staatlicher Subventionierung wirkt protektionistisch und ist mit freiem Handel nicht vereinbar, weil sie den Wettbewerb verzerrt bzw. verfälscht. Gegenüber Staaten, die der WTO (World Trade Organization; Welthandelsorganisation) angehören und die solche Praktiken anwenden, kann die WTO Strafzölle verhängen, sogenannte Anti-Dumping-Zölle, sodass der Vorteil der Subventionierung wieder verloren geht, weil der Verkaufspreis durch den Strafzoll mindestens auf ein vergleichbares Niveau angehoben wird.
2. Mit dem **Certificate of origin** wird die Herkunft eines Produkts aus einem bestimmten Land nachgewiesen. Deshalb heißt das Dokument im Deutschen auch **Ursprungszeugnis**. Es wird benötigt, wenn Importe aus einem bestimmten Land zollrechtlich anders behandelt werden oder wenn der Kunde einen Herkunftsnachweis wünscht.

TIPP

Wenn Sie in Ihrer Ausbildung mit Ursprungszeugnissen zu tun hatten, wissen Sie, dass Certificates of origins von der IHK ausgestellt werden. Das sollten Sie im Fachgespräch erwähnen.

3. Die **Warenverkehrsbescheinigung EUR 1** wird im Warenverkehr mit den Staaten, mit denen die EU Präferenzabkommen abgeschlossen hat, benötigt. Deshalb wird die Bescheinigung EUR 1 auch **Präferenznachweis** genannt. Die hierunter fallenden Waren sind z. T. zollfrei oder werden mit günstigerem Zollsatz belegt als Waren aus Ländern, mit denen kein Präferenzabkommen abgeschlossen wurde.
4. **ATLAS** steht für „Automatisiertes Tarif- und lokales Zollabwicklungssystem". Es steht für die elektronische Abwicklung von Eingangs- und Ausgangsanmeldungen, Gestellungsmitteilungen, Anmeldungen zur vorübergehenden Verwahrung sowie Zollanmeldungen zur Überführung von Waren. Das System erleichtert allen Beteiligten die Abwicklung der Zollabfertigung und die Zollüberwachung.

Lösung zu Vorschlag 8: Aus- und Einfuhranmeldung, Ausfuhrgarantien

1. Der Unionszollkodex kennt drei Zollverfahren:

I. Überlassung zum zollrechtlich freien Verkehr

II. Besondere Verfahren

a) Versand (extern und intern)

Waren werden unverzollt befördert; die zu entrichtenden Einfuhrabgaben werden bis zu dem Zollverfahren ausgesetzt, das auf das Versandverfahren folgt.

b) Lagerung (Zolllager und Freizonen)

Waren werden noch unverzollt an bestimmten zugelassenen Orten gelagert. Die Einfuhrabgaben entstehen erst, wenn die Ware diesen zugelassenen Ort (Zolllager oder Freizone) verlässt.

c) Verwendung (vorübergehende Verwendung und Endverwendung)

Auf Nichtunionsware, die nur vorübergehend in die EU kommt, dort aber gar nicht in den Wirtschaftsverkehr gelangen soll, werden keine Einfuhrabgaben erhoben. Das trifft zu

- auf Messe- und Ausstellungsgüter
- auf Warenmuster
- für Gegenstände, die zur Berufsausrüstung gehören
- auf Güter für wissenschaftliche und kulturelle Zwecke
- auf Güter für Sportevents.

Die Zollabgaben müssten bei der vorübergehenden Einfuhr hinterlegt und bei Wiederausfuhr vom Zoll wieder erstattet werden. Dieses umständliche Vorgehen kann mittels Carnet A. T. A. vereinfacht werden.

d) Veredelung (aktiv, passiv, Umwandlung)

da) **aktive Veredelung**

Einfuhr von Nichtunionsware, um daran Veredelungsarbeiten auszuführen, d. h. die Ware wird be- oder verarbeitet. Anschließend wird die veredelte Ware wieder ausgeführt.

db) **Umwandlung**

Be- und Verarbeitung von Waren, wodurch der Wert des Produkts verringert wird (z. B. Demontagearbeiten, Recycling). Dadurch verringert sich auch die Höhe der Einfuhrabgaben.

dc) **passive Veredelung**

Unionsware wird vorübergehend ins Nichtunionsgebiet ausgeführt, um sie dort veredeln zu lassen. Die veredelte Ware wird anschließend wieder eingeführt. Einfuhrabgaben sind nur auf den Veredelungswert zu entrichten.

III. Ausfuhrverfahren

Unionsware wird aus der EU ausgeführt. Hierzu bedarf es zwar der Ausfuhranmeldung, doch sind Exporte umsatzsteuerfrei und einen Exportzoll erhebt die EU auch nicht.

Sie erklären das Verfahren, das Ihnen aus Ihrer betrieblichen Praxis vertraut ist.

2. Aus- und Einfuhren müssen immer angemeldet werden, auch wenn die Aus- bzw. Einfuhr genehmigungsfrei und nur in bestimmten Fällen genehmigungspflichtig ist. In diesem Fall würde die Aus- bzw. Einfuhranmeldung als Antrag auf Genehmigung der Aus- bzw. der Einfuhr gelten. Durchgeführt werden darf sie erst, wenn die Aus- bzw. Einfuhrgenehmigung erteilt ist. Bei normalerweise genehmigungsfreien Aus- und Einfuhren kann die Aus- bzw. Einfuhranmeldung zeitgleich mit der Aus- bzw. Einfuhr erfolgen. Sie dient u. a. statistischen Zwecken, um belastbares Datenmaterial über den Umfang der Außenhandelsbeziehungen zu erhalten.

3. Bevor man eine **Hermes-Absicherung** beantragt, muss man sich darüber informieren, ob für die Exporte in ein bestimmtes Land überhaupt eine *Hermes*-Absicherung möglich ist. Dann stellt man den Antrag auf eine Ausfuhrgarantie (bei Ausfuhren an privatwirtschaftliche Kunden) bzw. einen Antrag auf eine Ausfuhrbürgschaft (bei Ausfuhren an staatliche Kunden).

   Die Absicherung übernimmt die Bundesrepublik Deutschland, die garantiert, dass der Exporteur aus Deutschland auch sein Geld erhält. Bei einer Ausfuhrbürgschaft bürgt die Bundesrepublik Deutschland für den ausländischen Schuldnerstaat. Zur *Hermes*-Absicherung stehen Mittel im Bundeshaushalt zur Verfügung. Abgewickelt wird die Absicherung über die **Euler-Hermes SA** bzw. über **PricewaterhouseCooper AG**. Um in den Genuss einer Ausfuhrgarantie bzw. -bürgschaft zu kommen ist entscheidend, dass das Geschäft nicht begonnen werden darf, bevor die Absicherung bewilligt wird.

TIPP

Im Prüfungsgespräch können Sie auf die Absicherung politischer und wirtschaftlicher Risiken eingehen, sowie darauf, dass die Absicherung niemals zu 100 % erfolgt. Vom Exporteur wird ein Selbstbehalt zwischen 5 % (bei politischen Risiken) und 30 % (bei wirtschaftlichen Risiken) verlangt. Wer diesen Selbstbehalt nicht riskieren will oder kann, sollte auf das Geschäft verzichten.

Lösung zu Vorschlag 9: Importdokumente, Marken, Kundenbindung

1. Manche Lebensmittel sind nur mit einer Einfuhrgenehmigung zu importieren. Möglicherweise bedarf es dann auch eines Gesundheitszeugnisses. Vielleicht verlangt der Importeur das **Certificate of origin** oder die **Warenverkehrsbescheinigung EUR 1**. Vor allem aber benötigt er die **Commerial invoice**, um den Zollwert belegen zu können.

2. a) Die Antwort auf diese Frage hängt von Ihrer Branche ab. Überlegen Sie, mit welchem Argument Sie Kunden überzeugen.

   b) Gehen Sie auf kulturell erklärbare Unterschiede im Kaufverhalten ein. Die Unterscheidung kann auch andere Aspekte umfassen. Beispielsweise telefonieren in Belgien Unternehmen viel seltener als in Deutschland. Sie mailen dafür mehr.

3. Langfristig darf der Verkaufspreis eines Artikels nicht unter die Selbstkosten fallen. Die Selbstkosten bilden die langfristige Preisuntergrenze. Vorübergehend und auf kurze Sicht kann der Verkaufspreis bis zum Einstandspreis zurückgehen, weil dieser Preis immer noch die variablen Warenkosten deckt. Jeder Preis, der über dieser kurzfristigen Preisuntergrenze liegt, trägt dann dazu bei, die fixen Kosten zu decken.

4. a) Marken schaffen einen Wiedererkennungswert und heben sich gegenüber den Nicht-Marken-Produkten hervor. Marken sind unverwechselbar. Die Wiedererkennung durch Kunden und die Unverwechselbarkeit des Produkts unterstützen den Absatz.

   b) **Herstellermarke:** Markenrechte liegen beim Hersteller. Wer diese Marke nutzen will, muss die Produkte von diesem Hersteller produzieren lassen.

   Handelsmarke: Markenrechte liegen bei einer Händlergemeinschaft. Produziert wird die Handelsmarke von einem Hersteller (der durchaus auch seine Herstellermarke fertigt) im Auftrag der Händlergemeinschaft als Handelsmarke. Wer diese Markenprodukte erwerben will, kann sie nur über Händler beziehen, die der Händlergemeinschaft angehören.

   Eigenmarke: Markenrechte liegen bei einem Händler. Er lässt sie unter dieser Markenbezeichnung von einem Produzenten herstellen. Wer das Markenprodukt haben will, erhält es nur bei diesem Händler. Er verschafft sich mit der Eigenmarke ein Alleinstellungsmerkmal.

   c) Da Marken i. d. R. unverwechselbar sind, vom Kunden wiedererkannt werden und die Kunden etwas mit der Marke assoziieren, sind sie durchaus geeignet, Kunden zu binden – zunächst ans Produkt und schließlich – vor allem bei Eigenmarken – auch an den Großhändler.

5. Unter dem Gesichtspunkt der Kundenbindung ist hier in erster Linie der Bonus interessant. Auch bei den Sofortrabatten eignet sich ein höherer Kundenrabatt für Kunden, die über längere Zeit in Geschäftsbeziehung mit dem Großhändler stehen (Kundenrabatt in Form des Treuerabatts).

Lösung zu Vorschlag 10: Informationsauswertung

1. a) Einer Bestellung entnehmen wir
   - Name und Anschrift des Bestellers
   - Kontaktdaten des Kunden

- Kundennummer (bei Stammkunden)
- Artikelnummer und Artikelbezeichnung
- Bestellmenge
- gewünschter Liefertermin
- USt-ID-Nr. des Kunden.

b) Unbedingt notwendig sind Menge und Artikel sowie die Lieferanschrift.

Diese Daten halten wir im WWS fest. Die Lieferanschrift ändert sich meistens nicht, sodass sie zusammen mit Namen und Anschrift, der USt-ID-Nr. sowie den Kontodaten des Kunden zu den **Stammdaten** gehören. Sie sind – mit Einverständnis des Kunden – gespeichert, um sie nicht bei jeder einzelnen Bestellung neu erfragen zu müssen. Die artikelbezogenen Bestelldaten speichern wir ebenfalls, weil sie für die Bearbeitung der Bestellung und die Rechnungsstellung und ggf. Retourenabwicklung wichtig sind. Da diese Bestelldaten sich bei jeder Bestellung ändern, zählen sie zu den **Bewegungsdaten**.

c) Wichtig wäre es, etwas über die **Bonität** des Kunden in Erfahrung zu bringen. Das gelingt uns z. B. über

- eine Selbstauskunft des neuen potenziellen Kunden
- über eine Anfrage bei der *Schufa*
- über gezieltes Auskunftersuchen bei unseren Geschäftspartnern.

2. Die Versandanzeige des Lieferers verschickt der Lieferer, sobald er die bestellte Ware abgesandt hat. Sie ermöglicht dem Kunden das Tracking, also die Sendungsverfolgung und nicht zuletzt die Planung des Wareneingangs, weil der Kunde nun den Termin kennt, an dem die Ware eintreffen wird. Er kann nun ggf. Lagerplätze vorbereiten und den Zahlungsausgang in seiner Liquiditätsplanung berücksichtigen.

3. In der Artikeldatei erfassen wir den Wareneingang. In der Liefererdatei halten wir fest, wenn etwas nicht so gelaufen ist, wie erwartet, z. B. mangelhafte Lieferung, verspätete oder unvollständige Lieferung. Damit schaffen wir ein Bild über den Lieferer, das uns eine Liefererbewertung ermöglicht, die wir bei folgenden Bestellungen berücksichtigen.

4. a) Diese Klausel befindet sich auf einem Bordkonnossement.

b) Da der Verfrachter mit dieser Klausel bestätigt hat, die Ware in einem augenscheinlich guten Zustand und guter Verfassung – soweit das äußerlich von der Verpackung erkennbar ist – auf den Weg gebracht zu haben, gehen Schäden an Verpackung und ggf. am Inhalt der darin enthaltenen Produkte zulasten des Transporteurs, d. h. des Verfrachters, und sind keine mangelhafte Lieferung des Lieferers. Somit ist klar, wer der Ansprechpartner für den Kunden ist.

Häufig wird zudem ein „reines Bordkonnossement" zur Bedingung der Bank für einen letter of credit gemacht.

5. Generell gilt:
   - Die Vertragspartner sind darüber zu informieren, welche Daten warum und wofür verarbeitet und deshalb gespeichert werden.
   - Die Vertragspartner müssen ihr Einverständnis erklären, wozu ihnen die Datenschutzerklärung bekannt gemacht werden muss.
   - Die Vertragspartner können jederzeit der weiteren Datenspeicherung widersprechen.
   - Die Vertragspartner können verlangen, dass ihre Daten gelöscht und nicht weiter verarbeitet werden.
   - Die Vertragspartner können untersagen, dass ihre gespeicherten Daten weitergegeben werden (außer an die Stellen, die gesetzlich darauf zugreifen dürfen, z. B. Finanzbehörden).

Lösung zu Vorschlag 11: Zollabfertigung und Freihandel

1. **Unionsware** ist
   a) Ware, die im Zollgebiet der Union vollständig gewonnen oder hergestellt wurde und bei deren Herstellung keine aus Ländern oder Gebieten außerhalb des Zollgebiets der Union eingeführten Waren verwendet wurden
   b) Ware, die aus Ländern oder Gebieten außerhalb des Zollgebiets der Union ins Zollgebiet verbracht und zum zollrechtlich freien Verkehr überlassen wurde
   c) Ware, die im Zollgebiet der Union entweder ausschließlich aus Waren nach Buchstabe b oder aus Waren nach den Buchstaben a und b gewonnen oder hergestellt wurde.

   [Es kann nicht erwartet werden – und wird es auch nicht –, dass Prüflinge die Definition der Unionsware vollständig oder wörtlich wiedergeben. Als Prüfer kann man nachfragen, ab wo denn Nichtunionsware zur Unionsware wird und sich das an einem Beispiel schildern lassen. Gegebenenfalls wird man nachfragen müssen, worin der Unterschied zwischen Eingangszollstelle und Einfuhrzollstelle bestehe.]
2. Der Vorteil besteht aus der räumlichen Nähe zum heimischen Zollamt. Das erleichtert die Einfuhr, weil es Wege und Zeit erspart. Statt an der Eingangszollstelle lange auf die Zollabfertigung warten zu müssen, geht es an der Einfuhrzollstelle schneller, weil weniger Importeure anstehen.
3. a) Um ein **nichttarifäres** Handelshemmnis handelt es sich bei einem Handelshemmnis, das nicht monetär, sondern administrativ ausgeübt wird (z. B. Einfuhrgenehmigungen, lange Einfuhrabfertigungsabläufe, fremdsprachliche Formulare, die in keiner Übersetzung verwendet werden usw.)
   b) Ein **tarifäres** Handelshemmnis liegt vor, wenn es in einem Währungsbetrag erhoben wird, z. B. Einfuhrzoll.
4. **Einfuhrabgaben** sind zum einen die **Zölle** auf den Zollwert der Importe und zum anderen die **Einfuhr-Umsatzsteuer**, die auf deren Bemessungsgrundlage, nämlich die Summe aus Zollwert zuzüglich Zoll erhoben wird.

5. Sogenannte „Strafzölle" sind diskriminierend, wenn sie lediglich dazu dienen, die niedrigeren Weltmarktpreise (die vom exportierenden Staat nicht subventioniert wurden) auf das höhere Preisniveau im Importland zu bringen und sie dadurch gegenüber der einheimischen Konkurrenz unattraktiv zu machen. Diskriminierende Zölle sind ein Verstoß gegen den freien Welthandel und widersprechen den WTO-Regeln.

Lösung zu Vorschlag 12: Zollverfahren, Ausfuhrabsicherung

1. Der *UZK (= Unionszollkodex)* benennt drei Zollverfahren:
   - die Überlassung zum zollrechtlich freien Verkehr
   - das besondere Verfahren als
     - gemeinschaftliches Unionsversandverfahren
     - Zolllagerungsverfahren
     - Aktive Veredelung
     - Passive Veredelung
     - Vorübergehende Verwendung
   - Das Ausfuhrverfahren.

   [Der Prüfling soll nicht sämtliche Verfahren erklären müssen. Es reicht, wenn er die Verfahren nennt, mit denen sein Ausbildender zu tun hatte und begründen kann, warum hierfür nur diese Verfahren infrage gekommen seien.]
2. Die Anmeldungen dienen nicht allein der Zollabwicklung, sondern haben auch statistische Bedeutung (woher sollte z. B. das Statistische Bundesamt wissen, welches unsere wichtig(st)en Handelspartnerländer sind? Außerdem dienen die Anmeldungen den Zentralbanken der EU-Staaten für die Disposition von Devisen.
3. Mit einer Ausfuhrabsicherung garantiert die Bundesrepublik Deutschland einem Antragsteller, dass er den Rechnungsbetrag (abzüglich eines Eigenanteils) bekommt, auch wenn die Ausfuhr nicht stattfinden kann (z. B. wegen Einfuhrverboten im Bestimmungsland) bzw. der Schuldner nicht zahlt.

   Sie funktioniert unter folgenden Voraussetzungen:

- Die Bundesregierung hat für bestimmte Kalenderjahre fest zugesagt, Ausfuhrrisiken in bestimmte Länder abzusichern.
- Der Exporteur muss den Antrag auf Ausfuhrgarantie stellen und die Bewilligung abwarten, bevor er das Geschäft abschließt.
- Beim Importeur darf es sich nicht um einen ausländischen Staat, sondern nur um ein ausländisches Unternehmen handeln. (Eine Absicherung ist auch bei staatlichen Kunden möglich. In diesem Fall würde der Exporteur eine Ausfuhrbürgschaft beantragen. Hierbei bürgt die Bundesrepublik Deutschland für den ausländischen Kunden (= Schuldner).

Lösung zu Vorschlag 13: Wettbewerbsverzerrung durch Subventionierung

1. Die WTO-Regeln sehen Exportsubventionen als Verletzung ihrer Regeln an, wenn diese Subventionen nur den Zweck haben, die im Vergleich zum Weltmarkt höheren Produktionskosten und daraus folgende höhere (Inlands-)Preise auf das niedrigere Preisniveau des Weltmarkts herunterzusubventionieren. Dies widerspricht dem Prinzip des freien Welthandels. In einem solchen Fall ist den anderen Staaten erlaubt, Sanktionszölle zu erheben. Die Erwartung ist, dass diese Sanktionszölle das exportierende Land dazu bringen, seine Exportsubventionierung einzustellen und zum Freihandelsprinzip zurückzukehren.
2. Das Certificate of origin ist ein Ursprungszeugnis. In diesem wird bestätigt, in welchem Land ein Produkt zum überwiegenden Teil oder gänzlich hergestellt worden ist.
3. Die Warenverkehrsbescheinigung EUR 1 sind eigentlich Ursprungszeugnisse für den Warenverkehr der EU mit den Staaten, mit denen die EU Freihandels-, Präferenz-, Assoziierungs- oder Kooperationsabkommen abgeschlossen hat, weshalb Waren aus diesen Ländern oder Ware in diese Länder zollvergünstigt sind.
4. Das ATLAS-Verfahren (**A**utomatisiertes **T**arif- und **L**okales Zoll**a**bwicklungs**s**ystem) vereinfacht die automatisierte Abfertigung und das Monitoring des grenzüberschreitenden Warenverkehrs. Diese Zoll-Software ermöglicht Importeuren und Exporteuren die Einfuhr- bzw. Ausfuhranmeldung elektronisch vorzunehmen. Auch die aus den Anmeldungen resultierenden Folgedokumente des Zolls werden elektronisch übermittelt.

Lösung zu Vorschlag 14: Zollarten, Zollunion, Freihandelszone

1. Der EWR ist ein Wirtschaftsgebiet, in dem sich seit 1994 die Mitgliedsstaaten der EU sowie drei der restlichen EFTA-Staaten (Island, Liechtenstein und Norwegen) verbunden haben.

   - **Ziele**

     Annäherung/Angleichung des freien Waren-, Personen-, Dienstleistungs- und Kapitalverkehrs, Abbau von Handelshemmnissen, Abstimmung in verschiedenen Politikbereichen.

   - **Entwicklung**

     Grundsätzlich übernehmen die EFTA-Staaten die für den Europäischen Binnenmarkt geltenden „vier Freiheiten“, d. h. die Regeln für den freien Verkehr für Waren, Personen, Dienstleistungen und Kapital sowie die Grundzüge des EU-Wettbewerbsrechts. Spezielle Ausnahmeregeln beschränken sich auf sehr wenige Sektoren.

     Technische Handelsbarrieren (unterschiedliche Maße/Normen) werden im Gleichschritt mit der Europäischen Gemeinschaft (EG) abgeschafft.

2. Eigentlich wollte auch das EFTA-Mitglied Schweiz dem EWR beitreten. Allerdings kam es nicht dazu, weil der Beitrittsantrag einer Volksabstimmung unterworfen war, die es 1992 gab. Für einen erfolgreichen Volksentscheid hätte nicht nur die Mehrheit der Schweizer Kantone stimmen müssen, sondern diese Mehrheit hätte zugleich die Mehrheit der Schweizer verkörpern müssen. Eine der beiden Quoren

wurde nicht erreicht, sodass die Schweiz auch heute noch nicht weder dem EWR noch der EU angehört (Der EU-Beitritt verfehlte ebenfalls bei einer diesbezüglichen Volksabstimmung ein Quorum).

Pragmatisch schlossen die EU und die Schweizer Bundesrepublik eine Reihe von Abkommen, die den Binnenmarktregelungen entsprechen, ohne dass die Schweiz formal Mitglied der EU ist.

3. Vergleichbare Wirtschaftsräume sind z. B. *Mercosur, ASEAN* usw.

   [Es kann nicht erwartet werden, dass ein Prüfling viele dieser Wirtschaftsräume kennen wird. Es genügt daher, wenn er zugrundeliegende Abkommen (z. B. CETA) kennt und erklären kann. Sollte ein Prüfling bei einem Unternehmen gelernt haben, das selbst keine Geschäftspartner in einem Land hat, das einem Wirtschaftsgebiet angeschlossen ist, lässt man diese Frage weg oder modifiziert sie.]

4. **Freihandelszone:** Die Mitgliedsstaaten einer Freihandelszone pflegen untereinander den freien Handel, d. h., dass sie gegenseitig keine Zölle erheben. Gegenüber Unternehmen aus Ländern, die nicht der Freihandelszone angehören, erheben die einzelnen Mitgliedsstaaten Zölle in unterschiedlichen Höhen.

   Um eine **Zollunion** handelt es sich, wenn die Mitgliedsstaaten untereinander nicht nur keinen Zoll erheben, sondern gegenüber außenstehenden Staaten einen gemeinsamen Zolltarif verlangen.

2.2 Verkauf und Distribution

Lösung zu Vorschlag 1: Management von Kundenbeschwerden

Die erste Leitfrage widmet sich dem Thema **Marketing** und stellt heraus, wie sie aus negativen Ereignissen (Kundenbeschwerden) doch noch positive Erkenntnisse gewinnen können.

Wenn sich Kunden beschweren, ist aus deren Blickwinkel etwas nicht richtig gelaufen. Das kann vorkommen! Sie sollten sich darüber freuen, dass die Kunden ihrem Unmut freien Lauf lassen und sich schriftlich beschweren oder Ihr Unternehmen im Internet negativ bewerteten. Warum freuen? Weil Kunden, die Ihren Ärger äußern, noch nicht verloren sind. Sie hätten ihren Unmut ja für sich behalten und einfach nicht mehr bestellen können.

Damit wir uns nicht missverstehen: Es geht um in zivilisierter Form vorgebrachte Kritik seitens der Kunden, es geht nicht um „Shitstorms“.

Von Kunden geäußerte Kritik ist eine einzigartige Informationsquelle, die zeitnah Informationen liefert, für die man nicht einmal zahlen muss. Das Unternehmen sollte die Beschwerden analysieren:

- Was wird kritisiert?
- Welche Kunden kritisieren?
- Wann wird die Kritik geäußert?

Das Unternehmen kann dann aufgrund der Kundenbeschwerden sehen, wo Schwachstellen liegen, z. B. Pünktlichkeit der Lieferung, korrekte Rechnung oder Qualität der Ware. Daraufhin können Abläufe verändert oder Qualitätskontrollen verstärkt werden, um die Beschwerdeanlässe abzustellen.

Mit der zweiten und dritten Leitfrage rücken personalwirtschaftliche Überlegungen ins Blickfeld. Überschreitet ein Unternehmen den im Kündigungsschutzgesetz genannten **Schwellenwert**, unterliegt es dem Kündigungsschutzgesetz, andernfalls nicht.

Bei der zweiten Leitfrage sollte man begründen können, ob das Ausbildungsunternehmen dem Kündigungsschutzgesetz unterliegt bzw. weshalb es ihm nicht unterliegt (z. B. zu geringe Größe mit zu wenig Arbeitnehmern).

INFO

Ob das Kündigungsschutzgesetz Anwendung findet, hängt von der Größe des Betriebes und vom Beginn des Arbeitsverhältnisses ab.

- Hat das Arbeitsverhältnis am 01.01.2004 oder danach begonnen, findet das Kündigungsschutzgesetz Anwendung, wenn in dem Betrieb in der Regel **mehr als zehn** Arbeitnehmer (ausschließlich der zu ihrer Berufsbildung Beschäftigten) beschäftigt sind.
- Hat das Arbeitsverhältnis bereits am 31.12.2003 bestanden, findet das Kündigungsschutzgesetz Anwendung, wenn in dem Betrieb am 31.12.2003 in der Regel **mehr als fünf Arbeitnehmer** (ausschließlich der zu ihrer Berufsbildung Beschäftigten) beschäftigt waren, die zum Zeitpunkt der Kündigung des Arbeitsverhältnisses noch im Betrieb beschäftigt sind. Arbeitnehmer, die nach dem 31.12.2003 neu eingestellt worden sind, werden hierbei nicht mitgezählt.

  Als Arbeitnehmer wird voll gezählt, wer regelmäßig mehr als 30 Stunden in der Woche beschäftigt ist. Arbeitnehmer, die weniger arbeiten, werden nur anteilig berücksichtigt.

Das in der letzten Leitfrage angesprochene Siegel wird Unternehmen verliehen, zu deren Belegschaft auch in repräsentativer Anzahl älterer Arbeitnehmerinnen und Arbeitnehmern gehören und die somit die Gesellschaft widerspiegeln. Anders ausgedrückt: Das Siegel zeichnet Unternehmen aus, die ältere Arbeitnehmer einstellen. Das ist eine nicht zu unterschätzende soziale Leistung, wenn man bedenkt, dass vor wenigen Jahren schon Arbeitnehmer ab dem 45. Lebensjahr bei Arbeitslosigkeit schwer in den ersten Arbeitsmarkt zu vermitteln waren.

Lösung zu Vorschlag 2: International Featured Standards Food

In der ersten Leitfrage wird nach der Bedeutung der IFS-Zertifizierung für das Unternehmen gefragt. Der IFS Food-Standard ist ein von der GFSI (Global Food Safety Initiative) anerkannter Standard für die Auditierung von Lebensmittelherstellern. Es geht vornehmlich um Lebensmittelsicherheit und die Qualität der Verfahren und Produkte. Der IFS Food-Standard ist auch für Lebensmittelverarbeiter und für Unternehmen relevant, die unverpackte Lebensmittel verpacken. Großhändler hilft das bei der Auswahl ihrer Lieferanten. Nicht zertifizierte Lieferer werden ausgelistet, weil sie die Unbedenklichkeit ihrer Produkte nicht gewährleisten können. Produkte, deren Hersteller nicht zertifiziert sind, wird der Großhandel auch nicht weiterverkaufen können, weil seine Abnehmer ebenfalls die Zertifizierung der Lieferkette erwarten.

Soweit Sie aus Ihrer Ausbildung praktische Fälle beisteuern können, wie sich eine fehlende Zertifizierung auf das Bestellverhalten ausgewirkt hat, stellen Sie diesen Fall im Fachgespräch vor.

Die zweite Leitfrage befasst sich mit Mitarbeitermotivation. Sie können natürlich die Möglichkeiten vorschlagen, die Sie aus Ihrem Ausbildungsunternehmen kennen, aber auch andere Faktoren anführen. Fragen Sie sich einfach, was würde **mich** motivieren? Verweisen Sie auf Personalentwicklungskonzepte, die Mitarbeitern Weiterqualifizierungen und Aufstiegschancen eröffnen. Sie werden es motivierend empfinden, mehr Verantwortung übernehmen zu können.

Andere Menschen motiviert es, wenn die Arbeitszeit flexibel ist, das Unternehmen familienfreundliche Arbeitseinteilung möglich macht oder Home-Office anbietet.

Andererseits empfinden es die meisten Menschen als demotivierend, wenn ihre Arbeit nicht geschätzt wird und sie keinerlei Einfluss auf Entscheidungen nehmen können. Im Gespräch sollten Sie jedenfalls nicht ausschließlich den Faktor Einkommen als motivierend nennen.

Lösung zu Vorschlag 3: Nachhaltigkeit, Personaleinsatz und Outsourcing

- Ökologisches und nachhaltiges Handeln:
  Viele Unternehmen handeln ökologisch und nachhaltig, um die Kosten zu reduzieren. In der einfachsten Form geht es um Vermeidung von Umweltbelastungen z. B. durch Abfallreduzierung. Das wirkt sich im Druck auf die Produzenten aus, weniger aber effizientere Verpackungen einzusetzen und wiederverwertbare Verpackungsmaterialien zu verwenden. Dazu gehört auch die Umstellung von Einweg- auf Mehrwegpaletten.

  Außerdem können die Bestellmengen aus ökologischen Gründen angepasst werden. Man bestellt z. B. weniger, um bei Erreichen des Mindesthaltbarkeitsdatums weniger Produkte abschreiben zu müssen. Sie können aber umgekehrt auch höhere Bestellmengen ökologisch begründen, weil größere Transportmengen weniger Transportfahrten zur Folge haben und deshalb den CO_2-Ausstoß verringern. Der Aspekt Nachhaltigkeit kann zu einer Veränderung des Sortiments führen (haltbarere Produkte, Produkte aus nachwachsenden Rohstoffen usw.).

- Personaleinsatzplanung bei Saisonschwankungen
  Ein Großhändler, an dessen Sortiment saisonale Produkte einen hohen Anteil haben, steht vor dem Problem, seine Kapazitäten so anzupassen, dass sie möglichst gleichmäßig und konstant ausgelastet sind und keine Leerkosten entstehen. Mit Blick auf die personelle Kapazität lässt sich dieses Ziel u. a. mit Arbeitszeitkonten erreichen. In der Saison werden Überstunden gefahren, außerhalb der Saison werden die Überstunden abgefeiert. Eine andere Möglichkeit besteht darin, die Anzahl des Stammpersonals am Bedarf außerhalb der Saison zu orientieren und den zusätzlichen Personalbedarf während der Saison mit Aushilfskräften, geringfügig Beschäftigten oder Mitarbeitern von Zeitarbeitsfirmen zu decken.

Lösung zu Vorschlag 4: Lagerkapazität, Kommissionierprinzipien

1. a) Um auch in Zeiten starker Nachfrage lieferfähig zu bleiben, wird ein Großhändler seine Warenbevorratung erhöhen. Die Lagerkapazität muss sozusagen auf den Spitzenbedarf ausgelegt sein. Hier sollten Sie im Prüfungsgespräch erklären, wie Sie – bei unveränderter Lagerkapazität – durch das **Freiplatzsystem** (= chaotische Lagerung) gegenüber dem **Festplatzsystem** (= systematische Lagerung) mehr Waren einlagern können.

   b) Wenn mehr oder länger bevorratet wird, steigen nicht nur die Kosten für den Lagerbestand, sondern auch das Lagerrisiko (Ware wird beschädigt, verdirbt, veraltet oder wird gestohlen).

2. a) Das Problem bei der Versicherung des Warenbestandes ist, dass man gar nicht vermeiden kann, manchmal unter- und manchmal überversichert zu sein, jedenfalls wenn man den durchschnittlichen Lagerbestand versichert. Würde man hingegen den Warenwert versichern, der sich ergäbe, wenn alle Artikel mit ihrem Höchstbestand bevorratet würden, vermeidet man zwar die Unterversicherung, müsste aber eine sehr hohe Versicherungsprämie zahlen. Außerdem ist es unrealistisch anzunehmen, alle Artikel wären gleichzeitig mit ihrem Höchstbestand bevorratet. Es ist gar nicht entscheidend, ob Sie im Gespräch sich dafür aussprechen, den Höchst- oder den Durchschnittsbestand zu versichern. Spannend ist vielmehr, wie Sie Ihre Entscheidung argumentativ begründen.

   b) Versicherungswert 3,0 Mio. € bei einem vorhandenen Lagerbestandswert von 4,0 Mio. € bedeutet, dass der Lagerbestand nur zu 75 % versichert ist (= Unterversicherung). Das hat zur Folge, dass auch nur 75 % des Schadens in Höhe von 60.000 € durch die Versicherung ersetzt werden. Die Versicherung überweist dementsprechend nur 45.000 €.

3. Grundsätzlich kommen beide Kommissionierungsprinzipien bei jeder Art von Lagerhaltungssystemen infrage. Doch liegt es beim Freiplatzsystem nahe, nach dem Prinzip **Ware zum Mann** zu kommissionieren, weil die sogenannte chaotische Lagerhaltung ohne eine entsprechende leistungsfähige Software nicht funktioniert. Wenn man also ohnehin eine anspruchsvolle Lagersoftware benötigt und vielleicht sogar in einem Hochregallager lagert – was auch Investitionen in besondere Lagereinrichtungen erforderlich macht –, sollte man auch noch in Technik investieren, sodass die Ware zum Mann kommt. Den hohen Investitionsausgaben stehen dauerhaft geringere Lagerpersonalkosten gegenüber, weil weniger Kommissionierer gebraucht werden.

4. a) z. B. durch eine Kommissionierung durch „Pick by voice“, weil hier der Kommissionierer von einem Programm geführt wird, jeden einzelnen Pick angesagt bekommt und bestätigen muss – und zwar nicht durch „ja“ oder „nein“, sondern indem er bestimmte Teile der Artikelnummer einsprechen muss. Irrtümer sind damit wegen der impliziten Kontrolle nahezu ausgeschlossen.

   Kommissionierungsfehler lassen sich nicht nur durch „pick by voice“, sondern auch auf andere Weise vermeiden, z. B. durch Barcodierungen. Wichtig ist, dass Sie in Ihrer Antwort darlegen, weshalb die von Ihnen genannte Möglichkeit Fehler beim Kommissionieren unwahrscheinlich macht.

   b) Fehlbestandsmeldung machen. Falls die fehlenden Mengeneinheiten nicht auffindbar sind, muss der Kommissionierungsbeleg für diesen Artikel auf die lieferbaren 15 Mengeneinheiten abgeändert werden.

Lösung zu Vorschlag 5: Kundenorientierung

1. Sie könnten z. B. ein Beispiel anführen, bei dem Sie einen Artikel auf Wunsch von Kunden ins Sortiment genommen haben oder bei dem Sie die Anforderungen der Kunden an ein Produkt zu Ihren Spezifikationen gemacht haben.
2. „In Käufermärkten muss der Vertrieb kundenorientiert agieren.“ Käufermärkte liegen vor, wenn nicht die Produkte, sondern die Nachfrage knapp ist. Die Anbieter – z. B. Großhändler – konkurrieren um die knappe Nachfrage, das verleiht den Kunden eine relativ starke Stellung.
3. Wenn ein Großhändler den Preiswettbewerb mit seinen Konkurrenten nicht gewinnen kann, sollte er den Wettbewerb in anderen Bereichen suchen, wo er sich vielleicht ein Alleinstellungsmerkmal erarbeiten kann. Mit Serviceleistungen, die dem Kunden wichtig sind, gelingt ihm das – vor allem, wenn die Kunden den im Vergleich zum Konkurrenten höheren Preis durch die Serviceleistung akzeptieren.
4. Jeder Lieferer muss eine rechts- und sachmangelfreie Lieferung **gewährleisten**. So steht es in § 433 BGB. Darauf hat der Kunde einen gesetzlichen Anspruch. Gewährleistungen sind also gesetzlich zwingend.

   Garantien gibt ein Lieferer freiwillig. Kein Gesetz zwingt ihn dazu. Wenn er aber Garantien gibt, verlangt das BGB, dass er genau sagt, was er garantiert und für wie lange. Tritt der Garantiefall ein, dann zwingt ihn die Rechtsnorm des BGB, die Garantie auch zu leisten.

Kulanz ist eine absolut freiwillige Sache des Lieferers, worauf der Kunde keinen Anspruch erheben kann.

TIPP

Was Sie als am meisten kundenfreundlich einschätzen, kann von verschiedenen Auszubildenden unterschiedlich gesehen werden. Entscheidend ist, dass Sie Ihre Präferenz nachvollziehbar erklären und begründen!

Lösung zu Vorschlag 6: Kundenbindung

1. Ihrer Phantasie sind bei dieser Frage keine Grenzen gesetzt. Zeigen Sie am eigenen Unternehmen, wie Sie das Sortiment kundenorientiert gestalten.

   Markenprodukte – egal ob Hersteller-, Handels- oder Eigenmarke – eignen sich ebenfalls zur Kundenbindung. Um das begreiflich machen zu können, sollten Sie erwähnen, was Marken eigentlich bewirken sollen.

   Boni zu gewähren wirkt zwar kundenbindend, wäre aber bei dieser Leitfrage nur bedingt tauglich, weil ja ausdrücklich nach Maßnahmen im Rahmen Ihrer Sortimentspolitik gefragt wird.

2. Mit Preispolitik will man Kunden gewinnen und bietet deshalb günstiger an als der Konkurrent. Der Konkurrent strebt dies ebenfalls an und unterbietet seine Konkurrenten. Offensichtlich funktioniert der Preiswettbewerb, wenn Kunden immer zum dem Anbieter mit den günstigsten Preisen wechseln. Preispolitische Maßnahmen setzen auf den flexiblen Kunden und stehen im Gegensatz zur Kundenbindung und sind deshalb als Kundenbindungsinstrument weniger geeignet als Produktqualitäten und Serviceleistungen.

3. Außer durch Sortimentspolitik können Kunden durch Serviceleistungen (z. B. die Lagerung ihrer Produkte bei uns) und durch Boni gebunden werden. An dieser Stelle vertiefen Sie das Fachgespräch und erläutern den Begriff Bonus.

4. Gelingt es einem Großhändler, viele Kunden zu binden, wird Neukundenakquise nicht mehr so ganz dringend. Unternehmen wollen Kunden binden, weil sie sich dauerhaft einen gewissen Absatz versprechen. Kunden, die immer wieder kaufen, sind offensichtlich mit der Qualität zufrieden. Diese Bewertung ist für Lieferer ein deutliches Signal.

5. Wenn die Kundenbindung nicht verbessert werden kann, bleibt dem Großhändler nichts anderes übrig, als neue Kunden zu akquirieren.

Lösung zu Vorschlag 7: Customer relationship

1. Beim C&C-Handel muss eigentlich nur immer genügend Ware bereitstehen. Kunden kommissionieren sich ihre Ware selbst (Selbstbedienung) und nehmen sie gleich mit. Zahlungsziele werden i. d. R. nicht eingeräumt, sodass es sich hierbei auch um Barverkäufe handelt. Ein Kunde, der im C&C-Handel einen Artikel nicht vorrätig findet, kommt deswegen nicht zurück. Deshalb muss der Vertrieb dafür sorgen, dass die Regale permanent aufgefüllt werden und genügend Ware vorhanden ist. Außerdem behält er die vom Kunden eher selten nachgefragten Produkte im Auge.
2. Diese Leitfrage diskutieren Sie vor dem Hintergrund Ihrer Erfahrungen beim ausbildenden Unternehmen. Überlegen Sie, ob es Ihrem Unternehmen hilft, in den sozialen Netzwerken vertreten zu sein und möglichst viele Follower zu haben.
3. a) Key accounts sind Schlüsselkunden. Sie darf der Großhändler auf keinen Fall verlieren, weil dann ein erheblicher Anteil am Umsatz einbricht.

   b) Um als Key account zu gelten, muss man eine bestimmte Umsatzhöhe erreichen. Metro C&C Deutschland GmbH wird die Umsatzhöhe anders definieren als andere Unternehmen. Allen gemeinsam ist, dass man Key accounts besonders pflegt.

   c) Begründen Sie Ihre Antwort hierauf plausibel.
4. a)
   - kurzfristig: z. B. höherer von der Dauer der Geschäftsbeziehung abhängiger Kundenrabatt.
   - langfristig: z. B. Bonus (abhängig von der Höhe der im Laufe des Jahres erteilten Auftragswertes (Bestellwertes).

   b) Kundenzufriedenheit kann man durch Kundenbefragungen messen, die aber zeitaufwendig sind. Ein Indiz für Kundenzufriedenheit bieten die Kundenreklamationen. Je weniger Reklamationen es gibt, umso zufriedener dürften die Kunden sein. Aber auch bei reklamierenden Kunden kann die Kundenzufriedenheit wieder steigen, wenn die Reklamation zügig und erfolgreich bearbeitet und die Ursachen abgestellt werden. Dem Kunden bleibt dann nicht der Anlass der Reklamation in Erinnerung, sondern die Lösungskompetenz seines Lieferers.

Lösung zu Vorschlag 8: Kommissionsverkauf, Preisdifferenzierung

1. Zu dieser Leitfrage kann es keine „Musterantwort“ geben. Im Prüfungsgespräch muss erkennbar werden, dass die bzw. der Auszubildende über ihren bzw. seinen Ausbildenden, dessen Sortiment, dessen Vermarktungsstrategie und dessen (Haupt)Konkurrenten Bescheid weiß und – wie im Kundengespräch die Stärken im eigenen Sortiment (= die Alleinstellungsmerkmale) – kennt und darlegen kann. Die Alleinstellungsmerkmale müssen nicht zwingend produkt- bzw. sortimentsbezogen sein, sondern können auch die Unterschiede zum Konkurrenten hinsichtlich Zahlungsbedingungen, Lieferbedingungen, Service und Lieferterminabsprachen

herausstellen (z. B. Lieferung bis an die Kostenstellen beim Kunden statt nur bis zur Warenannahme). Prüfer fragen hier nach, insbesondere, wenn es sich bei dem vorgeblichen Alleinstellungsmerkmal (z. B. Zahlungsziel, Qualitätszertifikate) in Wirklichkeit um Standards der Branche und somit gerade nicht um Alleinstellungsmerkmale handelt.

2. Das Großhandelsunternehmen verkauft in Kommission.

   a) Das bedeutet, dass Ihr Kunde die Ware auf Kommission kauft, um sie dann in seinem Namen aber für unsere Rechnung weiterzuverkaufen. Als Kommittent können Sie dem Kommissionär zwar den Preis vorgeben, zu dem er selbst die Produkte abgeben darf (was Sie bei einem ganz normalen Verkauf nicht dürfen), aber ob und welchen Umsatz Sie wirklich erzielen, zeigt sich erst im Nachhinein. Wenn Ihr Kunde auf den Produkten sitzenbleibt, sie also nicht verkaufen kann, erhalten Sie nicht nur kein Geld, sondern müssen die nicht abgesetzte Ware wieder zurücknehmen. Beim normalen Verkauf hätten Sie im Moment des Verkaufs sofort Umsatz erzielt

   Buchungssatz:

Soll	**Haben**
Forderungen	
	Warenverkaufserlöse
	Umsatzsteuer

   und würden gemäß den Zahlungsbedingungen auch den Zahlungseingang verzeichnen. Ob Ihr Kunde die Ware absetzt, wäre Ihnen zunächst einmal egal.

   Nachteile des Kommissionsverkaufs sind also:

   1. Sie tragen als Kommittent das Absatzrisiko.
   2. Die Zahlungseingänge erfolgen erst, wenn der Kommissionär (= Ihr Kunde) die Ware selbst verkauft und mit Ihnen abgerechnet hat.

   b) Wenn Sie frei entscheiden könnten, würden Sie wahrscheinlich lieber einen normalen Verkauf statt eines Verkaufs in Kommission wählen, weil sie dann Ihres Absatzes sicher sind und weil Ihnen schneller Liquidität zuflösse. Warum sollten Sie also in Kommission verkaufen? Versetzen Sie sich in die Lage Ihres Kunden. Wenn Sie das Absatzrisiko tragen, muss es der Kunde nicht schultern. Und genau das bewegt ihn vielleicht, es mit Ihren Produkten zu probieren – auch wenn er selbst (noch) nicht von den Produkten überzeugt ist. Müsste er das Absatzrisiko tragen, würde er Ihre Produkte vielleicht gar nicht listen. Sie erschließen sich zusätzliche Marktchancen, wenn sie dem Kunden das Risiko ersparen. Und wegen dieser Markterschließungschance bieten Sie den Verkauf in Kommission an. Denn die Alternative heißt nicht „normaler Verkauf oder Kommissionsverkauf", sondern „Kommissionsverkauf oder gar nichts verkaufen", wenn der Kunde die Absatzchancen des Produkts eher pessimistisch einschätzt.

3. a) Für **Rabatte** spricht aus Ihrer Sicht, dass Sie die Rabatte als Marketinginstrument einsetzen können. Der Kunde sieht auf jeder Eingangsrechnung, wie viel

er weniger bezahlen musste, weil ihm Rabatt gewährt wurde. Der den Kunden gewährte Rabatt stellt aus Sicht des Lieferers eine Erlösschmälerung dar, weil Sie nicht den Listenpreis, sondern nur den Zielpreis berechnen. Das ist aber nicht schlimm, weil jeder Lieferer die Kundenrabatte ebenso wie die Kundenskonti in seiner Verkaufspreiskalkulation berücksichtigt haben wird, sodass der Umsatzerlös nicht wirklich geschmälert ist. Für Sie als Lieferer liegt der Vorteil des Rabatts darin, dass Sie nach jeder Ausgangsrechnung zeitnah den Zahlungseingang verzeichnen können. Umgekehrt hat der Kunde den Vorteil, dass er mit jeder Eingangsrechnung nur den Rechnungsbetrag (= Zielpreis + Umsatzsteuer) entrichten muss und damit weniger Liquidität abfließt als im Fall des Boni abfließen würde. Für beide Seiten hat der Rabatt noch einen praktischen Vorteil: Da der Rabatt nicht berechnet wird (= Listenpreis abzüglich Rabatt = Zielpreis) braucht auch die Umsatzsteuerhöhe nicht nachträglich korrigiert werden, weil sich der Umsatz nicht mehr verändert.

Für **Boni** spricht aus Sicht des Lieferers, dass Sie mit den im Nachhinein gewährten Preisnachlässen (= Boni) den Kunden binden. Er wird auch dann Kunde bleiben, wenn sein Lieferer im Laufe des Jahres höhere Preise verlangt als die Wettbewerber, weil er den Bonus nicht verlieren will. Der Vorteil der Kundenbindung ist höher zu achten als der Nachteil, dass Sie am Ende des vereinbarten Zeitraums einen Teil des Umsatzes rückvergüten und infolgedessen auch die Umsatzsteuerhöhe korrigieren müssen.

b) A-Kunden sind umsatzgewichtiger als B- und C-Kunden, deshalb sollte man sie auch an sich binden. Boni sind als Kundenbindungsinstrument wirksamer als Rabatte, weil es hierbei auf die Jahresumsatzhöhe und nicht auf den Umsatz der Einzelaufträge ankommt.

c) Grundsätzlich sind natürlich alle Kunden wichtig. A-Kunden auf jeden Fall, B-Kunden im Zweifel auch. Ob wir Wert auf die C-Kunden legen, hängt davon ab, wie hoch die Kosten sind, die deren Aufträge verursachen (für Auftragsbearbeitung, Kommissionierung, Versand, Rechnungsstellung ggf. Mahnung). Wenn die Aufträge dieser Kunden unwirtschaftlich sind, weil sie zu hohe Kosten verursachen, ist eine Kundenbindung kein Ziel. Man kann versuchen, die Wirtschaftlichkeit zu erhöhen, indem man z. B. Mindestabnahmemengen oder Mindermengenzuschläge einführt, sodass auch kleinere Aufträge wirtschaftlich werden bzw. Kunden, die unterhalb der Mindestabnahmemengen Bedarf haben, wegbleiben und die Gesamtwirtschaftlichkeit auf diese Weise steigt.

4. Preisdifferenzierungen sind sinnvoll, wenn wir unterschiedliche Kundengruppen haben (= persönliche Preisdifferenzierung), wenn die Kunden aus unterschiedlichen Marktgebieten kommen (= räumliche Preisdifferenzierung), wenn sie zu unterschiedlich ausgelasteten Zeiten Kapazitäten beanspruchen (= zeitliche Preisdifferenzierung) oder wenn sie unterschiedliche Produktvarianten bestellen (= sachliche Preisdifferenzierung). Ein weiteres Differenzierungsmerkmal bietet die Höhe der bestellten Menge (= Mengendifferenzierung). Instrumente der Differenzierung sind Rabatte.

   Preisdifferenzierung verhindert Nachfragerenten.

Beispiel

Ein Kunde, der bereit wäre 10,00 €/ME zu zahlen, erzielt eine Nachfragerente in Höhe von 2,00 €/ME, wenn der einheitliche Verkaufspreis nur 8,00 €/ME beträgt.

Lösung zu Vorschlag 9: Verpackung und Entsorgung

1. Die Zielsetzung der Abfallrahmenrichtlinie
   a) werden in der auf dem Kopf stehenden Pyramide am ehesten veranschaulicht. Der meiste Abfall kann durch Müllvermeidung vermieden werden. Das schont Ressourcen und wirkt nachhaltig. Für den (Einzel-)Handel bedeutet das, mehr Waren stückweise bzw. unverpackt zu verkaufen, sofern das möglich ist. Wo Abfall nicht vermieden werden kann, soll er der Wiederverwendung zugeführt werden (z. B. Mehrweg- statt Einwegverpackungen). Ein noch geringerer Anteil entfällt auf den Abfall, der recycelt werden kann, weil er zur Wiederverwendung nicht taugt (z. B. Altpapier). Recycelter Abfall kann dann neue Verwendung finden. Was nicht recycelt werden kann, lässt sich möglicherweise verwerten (z. B. Demontage von Elektrogeräten, um die darin verarbeiteten Kupferkabel auszubauen und als Material für andere Geräte einzusetzen. Der geringe Rest des Abfalls, der nicht verwertet, nicht recycelt, nicht wieder verwendet werden kann und auch nicht zu vermeiden ist, muss dann beseitigt werden (z. B. Altöl) und beansprucht Deponiekapazität.

      Die linke Pyramide hingegen stellt die Abfallvermeidung nur als kleinen Rest dar, während der Löwenanteil des Abfalls der Beseitigung anheimfällt. Das entspricht nicht der Intention der Abfallrichtlinie und der daraus abgeleiteten nationalen Gesetze (z. B. Kreislaufwirtschaftsgesetz).

   b) Abfall ist nicht nur ein Kostenfaktor, sondern auch ein Umweltproblem. Die Unternehmen reagieren, um die Abfallkosten niedrig zu halten oder um zu erwartenden Auflagen (z. B. Plastikverbot) zuvorzukommen. Nicht zuletzt kann ein Unternehmen auch Ansehen gewinnen, wenn es ihm gelingt, weniger Abfall zu erzeugen und innovative Verwertungslösungen zu schaffen. Jeder Prüfungskandidat kennt sein Unternehmen und das Sortiment und hat auch die Veränderungen im Unternehmen mitbekommen, die die Abfallhierarchie im Unternehmen auslöste. Sprechen Sie darüber und machen Sie klar, dass der jetzige Zustand noch lange nicht „das Ende der Fahnenstange" ist.

2. Vor jedem Produkt – also auch vor jeder Verpackung – steht eine Idee.
   a) Verpackungslösungen sind teuer. Deshalb will sich kein Unternehmen einen Flop leisten. Bevor eine neue Verpackung in Auftrag gegeben und produziert wird, hat man sie getestet (Prototyp). Die Entwicklung eines Verpackungsprototyps ist zuvor in einer 3D-Darstellung modellhaft visualisiert worden. Bevor die 3D-Simulation erfolgen konnte, bedurfte es eines Konzepts, das die Spezifikationen der künftigen Verpackung beinhaltete. Bevor sich die Fachleute daran machen konnten, ein Konzept zu entwickeln, war eine Idee vorhanden, was

die Verpackung können müsse. Die Idee war weder ausgereift und vermutlich alles andere als professionell. In der Abbildung ist von einer „Handskizze" die Rede. Als Initialzündung wird diese grundlegende Idee allmählich immer professioneller ausformuliert. Im günstigsten Fall steht eine neue Verpackungslösung am Ende des Entwicklungsprozesses.

Individuelle Verpackungslösungen sind Maßlösungen; Standardlösungen sind Konfektionslösungen. Geht es um die Produktverpackungen und nicht um die Transportverpackung, so ermöglichen individuelle Verpackungslösungen Ihren Kunden ein Alleinstellungsmerkmal. Wenn Sie der einzige Großhändler sind, der Individuallösungen ermöglicht, haben Sie selbst ebenfalls ein Alleinstellungsmerkmal und damit einen Wettbewerbsvorteil.

b) Standardmäßig nennt man hier die verpackungsbezogenen Serviceleistungen wie Entsorgung (Abholen und Verwendung). Achten Sie darauf, dass Sie die Entsorgung nicht als Service deklarieren, wenn Sie gesetzlich gezwungen sind, Verpackungen zurückzunehmen. Der gesetzliche Zwang gilt auch für Ihre Konkurrenten, sodass in einem solchen Fall letztlich keiner damit ein Alleinstellungsmerkmal erlangen kann.

   Als verpackungsbezogenen Service könnten Sie anbieten, Mehrwegverpackungen zu überholen und zu reinigen, bevor sie dem Kunden mit der nächsten Warenlieferung wieder zugehen. Ebenso wäre denkbar, dass Sie die Verpackungen für A-Kunden labeln lassen, d. h. mit dem Namen und Logo Ihres Kunden versehen. Das kostet und sollte deshalb nicht für jeden Kunden gemacht werden. Das Labeln hilft, die Kundenbindung zu festigen. Beachten Sie aber, dass all das nur dann Wirkung entfaltet, wenn der Kunde mit den Produkten zufrieden ist.

3. Probleme bei der Verwendung von Mehrweglösungen:

- Mehrweglösungen (z. B. Paletten) müssen bevorratet und gelagert werden und beanspruchen Platzkapazitäten.
- Mehrweglösungen erfordern Kontrolle bei der Rückgabe (Zustand der Mehrwegpaletten).
- Mehrweglösungen können zum Engpass werden, wenn zu wenige Mehrwegbehältnisse oder -paletten zurückkommen.

Beispiel

Im heißen Sommer 2018 hatten Mineralwasserabfüller nicht mehr genügend Mehrwegflaschen zur Verfügung. Dasselbe Problem haben Kellereien und Winzer, weil die Lese 2018 so ertragreich war, dass 2019 nicht genug Weinflaschen zurückgekommen sind, um die Weine des Jahrgangs 2018 abfüllen zu können.

- Mehrwegbehältnisse benötigen eine separate Bestandsführung, weil Kunden aufgrund ihrer Warenbestellungen nicht immer so viele neue Mehrwegverpackungen erhalten, wie sie zurückgeben.

Denkbare Lösungen:

- Pfand erheben als Anreiz, Mehrwegverpackungen zurückzugeben.
- Individualisierte Lösungen, um Fremdrückgaben möglichst zu verhindern.

Beispiel

Brauereien bieten ihre Biere in Flaschen an, die nur bei ihnen abgefüllt werden können; fremde Bierflaschen passen gar nicht in die Abfüllanlagen.

- Digitalisierung, um die Bestandsführung zu vereinfachen bzw. zu erleichtern.

Auszubildende, die das Mehrwegsystem aus ihrem Ausbildungsbetrieb kennen, werden auch die damit verbundene Problematik kennen. Erzählen Sie, wie im Unternehmen mit irrtümlich von Kunden zurückgegebenen Fremdverpackungen umgegangen wird. Beachten Sie auch, dass Sie auf fremde Mehrwegverpackungen kein Pfand erheben dürfen. Wenn in einzelen Fällen Unternehmen wieder auf Einwegverpackungen umgestellt haben sollten, wird das seinen Grund gehabt haben. Sprechen Sie darüber. Beispiele aus der Praxis sind immer gut und zeigen, dass Sie Ihre Ausbildung aktiv erlebt und nicht passiv „erlitten" haben.

4. Personalisierte Verpackungen stärken die Bindung zum Kunden bzw. die des Kunden zu seinem Lieferer. Aber dafür zahlt kein Kunde – und schon gar nicht mehr. Wenn Kunden für die Personalisierung der Verpackung höhere Preise zahlen, dann deshalb, weil es keine günstigere Alternative gibt. Personalisierte Verpackungen sind ein Kommunikationsinstrument, erst recht, wenn der Kunde die Produkte mit der Verpackung weiterverkauft. Unterbliebe die Personalisierung, müsste der Kunde selbst für entsprechende Kenntlichmachung sorgen. Möglicherweise wären die Kosten hierfür höher als für die personalisierte Verpackung.

   Solange personalisierte Verpackung für den Kunden einen Mehrwert hat, wird er maßvoll höhere Preise akzeptieren.

5. Warum bietet ein Großhändler seinen Kunden personalisierte Verpackungen an? Weil er sich auch einen Mehrwert hiervon verspricht, z. B. Kundenbindung stärken, Wettbewerbsvorteil durch Alleinstellungsmerkmal usw.

Lösung zu Vorschlag 10: Informationen aus dem Warenwirtschaftssystem

1. Bekanntlich hat GB die Europäische Union verlassen.
   a) Seither ist GB nicht mehr Teil des Europäischen Binnenmarktes. Das bedeutet, dass Produkte, die Sie nach GB liefern, kein innergemeinschaftlicher Warenverkehr mehr sind, sondern von den Kunden in GB importiert werden. Ob und wie hoch die Kunden diese Importe verzollen müssen, hängt nun davon ab, welche Regelung zwischen GB und der EU vereinbart worden sind.

   Kaufleute für Groß- und Außenhandelsmanagement sind Experten für Groß- und Außenhandel. Von ihnen kann zu recht erwartet werden, dass sie mit politischen Fragen und Situationen vertraut sind, die wirtschaftliche Konsequenzen haben. Der Brexit war nicht nur Thema in traditionellen und neuen Medien, sondern wird auch Gegenstand des Berufsschulunterrichts in WSP oder in Politik gewesen sein. Niemand erwartet, dass Sie klüger oder abwägender sind als die Member of Parliament (MP) des britischen Unterhauses. Anders als jene, sollten Sie aber die Konsequenzen für Ihr Unternehmen darlegen können. Sie müssen die Entscheidung Großbritanniens weder beurteilen noch kommentieren. Allerdings müsste es klar sein, warum 27 Staaten in der EU sind und dass es Folgen hat, wenn ein Staat ausscheiden will.

b) Ihre Antwort wird davon abhängen, welche Regelung zwischen der EU und GB gefunden worden ist.

Eine denkbare Lösung wäre es auch, wenn Sie die Bezugsquellen neu beurteilen und andere Bezugsquellen suchen. Vielleicht gibt es innerhalb des EWR einen Lieferer, der die Produkte, die Sie bislang von einem britischen Lieferer bezogen haben, liefern kann und der jetzt günstiger sein wird, weil sich der Import aus GB infolge neuer Importzölle nicht mehr lohnt.

2. Führen Sie Kaffeekapseln im Sortiment? Falls ja, können Sie die Anfrage des Kunden beantworten. Gehen Sie in Ihrer Antwort darauf ein, wie sehr Ihr Verkaufspreis von der bestellten Menge (→ Rabatte), von den Zahlungsbedingungen (→ Skonti, Zahlungsziel) und von den Bezugskosten (→ Incoterms, Lieferbedingungen usw.) abhängt.

Sie führen keine Kaffeekapseln im Sortiment, obwohl Kaffee schon einen wesentlichen Teil Ihres Sortiments ausmacht? Dann dürfte das eine bewusste Entscheidung gewesen sein. Sie würden den Kunden auf alternative Kaffeeprodukte aufmerksam machen und vielleicht auch begründen, weshalb Kaffeekapseln nicht in Ihrem Sortiment vorkommen, z. B. weil es sich nicht mit Ihrer Unternehmensphilosophie vereinbart und Sie nachhaltig wirtschaften wollen. Kaffeekapseln haben wegen der mit ihnen verbundenen Umweltauswirkungen (Ressourcenverbrauch wegen der Aluproduktion, Abfallprobleme wegen der Alu-Kapseln) eine negative Umweltbilanz. Wichtig ist aber immer, dass Sie dem Kunden Alternativen aufzeigen.

3. Kern- und Randsortiment

a) Der Unterschied zwischen dem Kern- und Randsortiment besteht darin, dass mit dem Kernsortiment die fixen Kosten gedeckt werden müssen, während das Randsortiment lediglich seine variablen Einzelkosten decken muss.

b) Da die Fixkosten bereits durch das Kernsortiment gedeckt sind, kann das Randsortiment unterhalb des Selbstkostenpreises (= im Normalfall ist das die langfristige Preisuntergrenze) angeboten werden. Produkte des Randsortiments müssen lediglich ihre variablen Einzelkosten decken, sodass sie bereits zum Einstandspreis (= i. d. R. kurzfristige Preisuntergrenze) verkauft werden könnten. Jeder Verkaufspreis, der darüber liegt, wirkt unmittelbar gewinnsteigernd.

4. Kundenbetreuung und Kundenakquise

a) Diese Frage wird jede/-r Auszubildende beantworten können. Sie wissen, was „typisch" für ihr Sortiment ist und Sie wissen auch, was Ihr Sortiment von dem der Konkurrenz unterscheidet. Teilen Sie es dem Prüfungsausschuss mit. Vermeiden Sie aber „Luftnummern", d. h. verwenden Sie nur belegbare Aussagen und keine unüberprüfbaren Angeberphrasen.

b) Zum Beispiel achten Sie darauf,
   - ob im Sortiment des Kunden Produkte von Konkurrenten vorhanden sind, die der Kunde früher nicht hatte;
   - ob der Kunde Warengruppen neu im Sortiment hat, die Sie auch liefern könnten;
   - ob der Kunde eine strategische Neuausrichtung anstrebt (z. B. flacheres oder/und schmäleres Sortiment);
   - ob im Sortiment des Kunden bisher geführte Artikel fehlen.

c) Unternehmen sind auf Informationen angewiesen, auch auf solche, die nicht unmittelbar im Zusammenhang mit Abschlüssen stehen. Dem Außendienst fällt hierbei eine wichtige Funktion zu. Er hat Ohr und Auge direkt am Markt, d. h. beim Kunden. Damit seine Erkenntnisse dem Unternehmen als Information zur Verfügung stehen, muss das Unternehmen ein Berichtswesen implementieren. Außendienstmitarbeiter sind sehr pragmatisch auf Abschlüsse orientiert. Die Motivation zum Berichteschreiben dürfte eher weniger ausgeprägt sein – mit Ausnahme der Berichte, die die Abschlüsse widerspiegeln. Deshalb sollte das Unternehmen das Berichtswesen so niedrigschwellig wie möglich machen: Statt langer Prosatexte eher Fragen zum Ankreuzen. Ganz wichtig: Ein Feld für Anregungen.

   Dass in regelmäßigen Abständen die Besuchsberichte ein Feedback seitens der Vorgesetzten erfordern, ist hoffentlich selbstverständlich und drückt auch die Wertschätzung gegenüber dem Außendienstmitarbeiter aus.

5. Bevor man hektisch unüberlegte Maßnahmen ergreift und sinnlos mit Preisnachlässen um sich wirft, macht man zunächst eine Kundenanalyse:
   - Haben wir den Kunden verärgert, z. B. durch mangelhafte Lieferungen, durch Lieferterminüberschreitungen oder durch inkulantes Verhalten? Hierüber dürfte ein Blick in die Kundendatei und in die Artikeldatei aufklären.
   - Bezieht der Kunde die Waren inzwischen von anderen Lieferern? Darüber müssten die Außendienstmitarbeiter aufgrund ihrer Kundenbesuche Bescheid wissen.
   - Bezieht sich die seltener werdende Bestellhäufigkeit auf bestimmte Artikel oder trifft das auf alle Artikel zu, die der Kunde bislang bestellt hat? Auch hierüber liefert das Warenwirtschaftssystem mit der Auswertung der Kundenbestellungen Informationen.
   - Hat der Kunde Probleme? Dazu prüfen wir sein Zahlverhalten.

   Sollte die Kundenanalyse keine plausible Erklärung ergeben haben, hilft ggf. eine Konkurrenz- und Marktanalyse weiter:
   - Gibt es inzwischen Substitutionsprodukte zu unseren Artikeln?
   - Erleiden nur wir oder auch die Wettbewerber Absatzrückgänge? Das ließe auf konjunkturelle Abschwächung schließen.

Wenn man die Ursache kennt, kann man Therapien beginnen. Weiß ich, weshalb der Kunde nicht mehr wie früher bestellt, kann ich Vorschläge unterbreiten. Findet man keine Ursache, weil die Analysen nichts ergeben haben, besteht immer noch die Möglichkeit, den Kunden einfach zu fragen, weshalb er so selten/so wenig bestellt.

Lösung zu Vorschlag 11: Nutzbarmachung der Daten des Warenwirtschaftssystems

1. *[Die Antworten werden je nach dem beim Ausbildenden gebräuchlichen WWS unterschiedlich ausfallen. Prüflinge brauchen auch nicht sämtliche Module zu erklären, sondern können sich auf wesentliche Funktionen der Module beschränken.]*

   Beispiele:

   - Lagermodul (Lagerbestandsführung, Kennzahlenermittlung, Erstellen von Kommissionierbelegen und Lieferscheinen, Artikelbestandsdateien)
   - Kundenmodul (Debitorendatei, Kundenverwaltung)
   - Rechnungsmodul (für Rechnungsstellung und für die Verwaltung von Kundenretouren).
2. Das WWS errechnet nicht nur Lagerkennzahlen (z. B. Umschlagshäufigkeiten), sondern erstellt auch ABC-Analysen, in denen wir die Bedeutung einzelner Artikel oder Artikelgruppen für unser Sortiment erkennen können und auf dieser Grundlage Entscheidungen über Sortimentsveränderungen – seien es -erweiterungen, -bereinigungen oder -modifizierungen – begründen können.
3. *[Antworten sind abhängig von den Gepflogenheiten beim Ausbildenden.]*

   Im Prinzip lassen sich die Kundendaten bereits einpflegen, sobald er Kunde eine Anfrage geschickt hat. Da aber nicht jede Anfrage und ein darauf erstelltes Angebot zu einem Auftragseingang, also einer Bestellung, führen, sammelt sich viel Datenmüll an. Einfacher ist es, den Kunden erst einzupflegen, sobald er die erste Bestellung erteilt hat. Dann erfassen wir seine Stammdaten, vergeben ihm eine **Kundennummer** und geben seine Bestellung (Menge, Artikel usw.) im Lagerbestandmodul ein (z. B. Kundenvorbestellung).
4. *[Auch die Antworten hierauf werden unterschiedlich ausfallen. Zu achten ist lediglich darauf, ob die Begründungen plausibel sind. Als einer der Gründe für die Nichtnutzung könnte genannt werden, dass das Unternehmen sein Sortiment erweitern will und deshalb schon einmal die Kapazitäten seines WWS entsprechend aufbauen will. An dieser Stelle könnte man erörtern, ob bis dahin der technische Stand noch aktuell sein wird.]*
5. Beispiele:

   - eine eigene IT-Abteilung aufbauen, um die personellen Ressourcen zu haben
   - Zugriff auf Daten nur auf die Berechtigten beschränken
   - Sichere Passwörter kreieren und Passwörter regelmäßig ändern
   - regelmäßig Backups durchführen.

Lösung zu Vorschlag 12: Zusammenwirken zwischen Verkauf und Beschaffung

1. Da generell ein **Käufermarkt** besteht, sind die Käufer in einer besseren Ausgangslage als Verkäufer. Die Anbieter (Verkäufer) konkurrieren um die knappe Nachfrage. Großhändler treten als Käufer ihren Lieferern gegenüber und können ihre Marktmacht ins Spiel bringen und die Einkaufspreise begrenzen. Gegenüber ihren Kunden sind sie aber Anbieter (Verkäufer) und stehen der Marktmacht ihrer Kunden gegenüber. Erhöhungen der Verkaufspreise durchzusetzen, wird daher nicht so leicht sein. Der Gewinn kann daher tatsächlich im Einkauf liegen, denn wenn der Verkaufspreis kaum erhöht werden kann, lässt sich der Gewinn nur durch sinkende (oder zumindest stabile) Einstandspreise steigern.

2. *[Beide Ansichten sind vertretbar, wobei Käse wohl eher ein kulturgebundenes Produkt ist. Wer aber gut begründet, weshalb er es für ein kulturunabhängiges Produkt hält, dessen Antwort muss als richtig gewertet werden.]*

   Käse – zumindest einzelne Käsesorten oder Herstellungsarten – sind durchaus länderspezifisch. Wo es weder Schafe noch Ziegen gibt, kann auch kein Schafs- oder Ziegenkäse produziert werden. Insofern ist Käse kulturgebunden. Auch seitens der Nachfrager wird Käse differenziert gesehen. Nicht umsonst nimmt Käse in Frankreich die Stelle des Desserts ein, während anderswo Käse weniger wertgeschätzt und in geringerer Menge nachgefragt wird. Je nachdem wo und an wen wir verkaufen, kaufen wir entsprechend mehr oder weniger ein. Desgleichen ist auch die Frage der Lagerreife relevant. Alter oder junger Gouda hängt von der Reifezeit im Lager ab. Deshalb passt man als Großhändler seine Bestellmengen an; wer mehr und länger lagern kann, wird auch mehr Käse bevorraten.

3. Ob wir den neuen Käse ins Sortiment aufnehmen werden, hängt davon ab,
   - welche Sortimentsdimensionen wir führen möchten
   - welchen Absatz zu welchem Preis wir erwarten
   - ob wir uns damit von der Konkurrenz abheben können.

4. Grundsätzlich haben wir nur Erwartungen und Hoffnungen hinsichtlich der absetzbaren Menge eines neuen Produkts, aber keine gesicherten Erkenntnisse. Aus Angst vor einem Desaster allerdings das neue Produkt nicht einzuführen, wäre keine gute Idee. Zumal wenn stattdessen die Konkurrenz zugreift und damit erfolgreich sein sollte.

   Das Absatzrisiko können wir begrenzen, indem wir
   - die Absatzchancen testen und vorerst nur kleine Mengen **zur Probe** bestellen
   - den Käse vorerst nur **in Kommission** verkaufen, denn dann liegt das Absatzrisiko bei der Molkerei
   - eine Sonderform des Kommissionsverkaufs praktizieren und die Molkerei als **rack jobber** gewinnen (was allerdings für eine Molkerei schon personell eher unwahrscheinlich wäre)
   - massiv den neuen Käse bewerben, um die Absatzchancen zu erhöhen.

5. Ganz gängig, indem wir vom Lieferer die Zertifizierungen verlangen.

2.3 Warensortiment und Marketing

Lösung zu Vorschlag 1: Kern- und Randsortiment

1. Werden die meisten Artikel eines Sortiments von einem einzigen Lieferer bezogen, hat das Vor- und Nachteile. Der Vorteil besteht darin, dass man hohe Bestellmengen platziert und daher günstige Konditionen – z. B. Mengenrabatte, Boni – aushandeln kann. Als nachteilig kann hingegen die Anhängigkeit von einem Lieferer gesehen werden. Das kann die eigene Lieferfähigkeit gefährden, wenn der Lieferer einmal ausfällt.

   Bezieht man die Artikel von verschiedenen Lieferern verringert sich die Abhängigkeit vom einzelnen Lieferer. Da die Bestellmengen sich aber auf mehrere Bezugsquellen verteilen, werden die Konditionen ungünstig sein.

2. Qualitätssicherung ist ein zentrales Thema. Dazu dienen zum einen die Qualitätskontrollen, zum anderen die Qualitätsstandards bezeugenden Zertifikate. Kann ein Lieferer bzw. Hersteller sie nicht aufweisen, wird er als Lieferer ausgelistet. Nicht zuletzt kann der Großhändler seine Bestellung genau spezifizieren. Unter Umständen besteht auch die Möglichkeit, die Lieferung bereits vor dem Absenden durch den Kunden oder einen von ihm beauftragten Agenten vor Ort kontrollieren zu lassen.

3. Mit dem Kernsortiment werden die fixen Kosten gedeckt. Wenn Artikel vom Rand- ins Kernsortiment wandern (und umgekehrt), kann das an einem veränderten Kaufverhalten der Kunden liegen. In der Regel führt eine steigende Nachfrage nicht nur zu steigendem Absatz, sondern erhöht auch den Umsatz, weil die gestiegene Nachfrage Preissteigerungen bewirkt. Eine sinkende Nachfrage hat die gegenteilige Wirkung.

4. - **Sortimentserweiterung:** Hierbei werden dem Sortiment neue Artikel hinzugefügt, die entweder zu einer Vertiefung oder zu einer Verbreiterung führen.

     Beispiel

     In der Artikelgruppe Backzutaten wird jetzt auch Persipan und nicht mehr nur Marzipan geführt.

   - **Sortimentsreduzierung:** Das Sortiment wird kleiner, weil einzelne Artikel eliminiert werden. Eine Sortimentsbereinigung führt auch zu einer Sortimentsreduzierung.

     Beispiel

     Sehr zuckerhaltige Limonaden werden ausgelistet, ohne dass andere Artikel an ihre Stelle treten.

- **Sortimentsmodifizierung:** Hier bleibt der Sortimentsumfang unverändert. Für jeden Artikel, der neu ins Sortiment aufgenommen wird, wird ein anderer ausgelistet.

Beispiel

Echter Lachs wird ins Sortiment aufgenommen, Lachsersatz wird ausgelistet.

TIPP

Vertiefend bietet sich an, auf die Sortimentsdimensionen (Sortimentsbreite und Sortimentstiefe) einzugehen. Achten Sie darauf, dass Sie die Tiefe immer in Abhängigkeit von der Breite definieren und geizen Sie nicht mit Beispielen aus Ihrem Ausbildungsunternehmen.

Lösung zu Vorschlag 2: Marken, Bevorratung

1. a) Als **Premiummarke** werden die hochpreisigen Markenprodukte bezeichnet.
   b) Das Gegenteil von Premiummarken sind **Niedrigpreismarken**.
   c) Wenn die Premiummarken **Herstellermarken** und die Niedrigpreismarken **Eigenmarken** sind, wird der Deckungsbeitrag bei den Niedrigpreismarken höher sein als bei den Premiummarken.
2. Die Kapitalbindung zu verringern heißt, den Lagerbestand zu reduzieren. Wenn wir verlässliche Lieferer haben und keine allzu großen Schwankungen des Absatzes zu befürchten sind, kann der Mindestbestand verringert werden. Das reduziert den durchschnittlichen Lagerbestand und somit die Kapitalbindung, ohne die Lieferbereitschaft zu beeinträchtigen.
3. Schlagen Sie der Brauerei vor, das Chilli-Bier in Kommission zu verkaufen. Dann verkaufen Sie es im eigenen Namen (d. h. für Ihre Kunden sind Sie der Vertragspartner) aber für fremde Rechnung (d. h. für die der Brauerei). Sie bezahlen nur die Menge, die Sie auch letztlich verkauft haben. Nicht verkaufte Fässer oder Kisten nimmt die Brauerei zurück. Daher haben Sie kein Absatzrisiko.

   TIPP

   Vertiefend können Sie im Prüfungsgespräch an dieser Stelle **Rack jobbing** als faktischen Kommissionsverkauf anführen. Denken Sie daran, dass in diesem Fall die Brauerei der Rack jobber ist, nicht der Großhändler.

4. a) Boni werden erst rückwirkend fällig, wenn ein bestimmter Jahresumsatz erreicht ist. Es kommt also nicht auf die Höhe der einzelnen Bestellmengen an – wie beim Mengenrabatt –, was den Bonus auch über kleinere Bestellmengen erreichbar macht und die Lagerkosten reduziert. Sie profitieren sogar von Preiserhöhungen des Lieferers, weil Sie dann schneller die Bonusschwelle erreichen.

   b) Ihr Lieferer nutzt Boni als Instrument der Kundenbindung. Wenn es den Bonus ab einem Jahresumsatz von 200.000 € gibt und Sie nach zehn Monaten einen Umsatz von 180.000 € erzielt haben, wechseln Sie jetzt nicht den Lieferer, sondern bestellen weiterhin bei ihm, um die Bonusschwelle zu erreichen.

Lösung zu Vorschlag 3: Sortimentsdimensionen

1. Anhand Ihres Sortiments beschreiben Sie Ihre Sortimentsbreite und die Sortimentstiefe. Achten Sie darauf, dass die Tiefe Ihres Sortiments davon abhängt, wie Sie die Breite beschrieben haben. Sie müssen die warentypologischen Begriffe richtig anwenden.

2. a) Breites Sortiment → Auswahl verschiedener Artikel- bzw. Warengruppen mit Standardartikeln und deshalb attraktiv für Kunden (Chance).

   Breites Sortiment → macht Schwerpunktsetzung, Spezialisierung und Profilierung des Großhändlers schwierig, sodass er kaum ein Alleinstellungsmerkmal erlangen kann (Risiko).

   Bei einem schmalen Sortiment kehren sich Risiken und Chancen um: Wenig Auswahl aber Konzentration auf gängige Artikel- bzw. Warengruppen.

   b) tiefes Sortiment → ermöglicht Profilierung als Fachgroßhandel (Chance).

   tiefes Sortiment → Da viele verschiedene Artikel einer Artikelgruppe angeboten werden, sind die Bestellmengen der einzelnen Artikel u. U. so gering, dass keine Mengenrabatte in Anspruch genommen werden können und die Einstandspreise vergleichsweise hoch sind.

3. Diese Leitfrage können Sie anhand des Sortiments Ihres Ausbildungsunternehmens beantworten. Sie wissen aus Ihrer Erfahrung, welche Produkte im Trend liegen und woran Sie die Trends erkennen. Vielleicht gibt es in Ihrer Branche aber auch gar keine Trendprodukte. Ihre Antwort muss auf jeden Fall plausibel dargelegt werden.

4. Die Frage, wie man die besonders wichtigen Artikel eines Sortiments herausfinden kann, stellt sich für jedes Unternehmen– und zwar unabhängig von seinem Sortiment.

   Erläutern Sie im Fachgespräch, weshalb es wichtig ist, die wichtigen von den weniger wichtigen Artikeln zu unterscheiden. Machen Sie deutlich, welche Konsequenzen sich daraus für die Sortimentspolitik ergeben. Stellen Sie eine Möglichkeit ausführlich dar und gehen Sie noch auf eine weitere Möglichkeit ein. Wenn Sie sich mit der anderen Möglichkeit auch auskennen, dann halten Sie Ihr Wissen nicht zurück.

Zu den gängigsten Instrumenten gehören:

- **Deckungsbeitragsrechnung:** Je höher der Deckungsbeitrag eines Artikels ist, umso mehr trägt er zur Deckung der Fixkosten bei. Würden Artikel mit hohen Deckungsbeiträgen aus dem Sortiment genommen, blieben die Fixkosten bestehen, aber es entfiele ein wesentlicher Teil, der zu ihrer Deckung beiträgt.
- **ABC-Analyse:** Die ABC-Analyse hilft die **wertmäßige** Bedeutung von Artikeln, Kunden, Lieferern usw. fürs Unternehmen darzustellen. Die Artikel, die z. B. prozentual am meisten zum Umsatz beitragen, zählen zu den A-Artikeln; die Artikel, die prozentual kaum zum Umsatz beitragen, sind C-Artikel. Alle übrigen Artikel fallen unter die Kategorie B. Das Unternehmen muss entscheiden, ab welchem Prozentsatz ein Artikel zur Kategorie A und bis zu welchem Prozentsatz zur Kategorie C zählt.
- **Portfolioanalyse:** Wie viele Artikel sind **Question marks**, wie viele zählen zu den **Stars**, wie viele gehören zu den **Cash cows** und wie viele fallen unter die **Poor dogs**? Welche Artikel sind das?

TIPP

Sie können im Gespräch auch die Überlegung diskutieren, ob die **Umschlagshäufigkeit** von Artikeln etwas über deren Wichtigkeit aussagt oder nicht.

Lösung zu Vorschlag 4: Sortimentserweiterung und Beschaffungsdiversifizierung

1. Ob eine Erweiterung des Sortiments das Sortiment verbreitern oder vertiefen soll, hängt davon ab, ob ein Unternehmen eher als **Spezialgroßhandel** agiert (dann Vertiefung) oder sich mehr als **Sortimentsgroßhandel** sieht (dann Verbreiterung). Beschreiben Sie, ob Ihr Ausbildungsunternehmen Spezial- oder Sortimentsgroßhändler ist und veranschaulichen Sie Ihre Ausführungen zur ersten Leitfrage mit Beispielen aus Ihrem Unternehmen.
2. Qualitäten lassen sich zum einen durch Zertifikate nachweisen. Machen Sie das an einem Zertifikat deutlich, das Sie von Ihrer Ausbildung her kennen. Sie sollten natürlich auch sagen können, wofür dieses Zertifikat steht. Bedenken Sie, dass Zertifikate zur Qualität meistens nur die dem Zertifikat zugrundeliegenden Mindeststandards dokumentieren. Qualitäten, die den Mindeststandard übersteigen, können durch das Zertifikat oder ein Qualitätssiegel nicht nachgewiesen werden.

   Aufwendig aber möglich ist auch, bei der Produktion vor Ort dabei zu sein und selbst die Qualität zu prüfen. Sinnvoll sind darüber hinaus Laboruntersuchungen – auch in den Fällen, wo aus Gründen der Produktsicherheit und des Verbraucherschutzes Laboruntersuchungen nicht zwingend vorgeschrieben sind.

   Wenn Sie schon auf den Produktionsprozess einwirken wollen, sind Herstellergarantien sinnvoll. Vor allem sollten Sie Käufe **laut Muster** abschließen. Sie haben ein

Produktmuster zur Verfügung gestellt, der Lieferer muss Produkte liefern, die der Musterqualität entsprechen.

TIPP

Wenn Sie aus Ihrer Ausbildung andere Möglichkeiten kennengelernt haben, dann sollten Sie jetzt hiervon erzählen. Sie sollten nicht überrascht sein, wenn ein Prüfer – nachdem Sie den Kauf **nach** Muster angesprochen haben – Sie bittet, einen Kauf **auf** Probe (mit vereinbartem Rückgaberecht) und einen Kauf **zur** Probe (ist für den Lieferer als solcher nicht zu erkennen, weil nur der Kunde weiß, dass er die Ware nur zum Ausprobieren gekauft hat) zu erklären.

---

3. Da bisher nicht gelistete Lieferer das Produkt ebenfalls anbieten können ist das der Anlass, die bestehenden Lieferantenbeziehungen zu überprüfen. Vielleicht ist unter den neuen Lieferern ein Unternehmen, dessen Angebot günstiger als die der bisherigen Lieferer ist. Außerdem können Sie durch Probebestellungen testen, wie zuverlässig die neuen Lieferanten sind.
4. Machen Sie deutlich, dass bei **Terminkäufen** der Kunde die Lieferung vor der Fälligkeit nicht verlangen, der Lieferer aber sehr wohl liefern darf. Wenn Sie eine vorherige Lieferung ausschließen wollen, müssen Sie einen **Fixtermin** vereinbaren. Machen Sie auf jeden Fall deutlich, wie Sie diesen erkennbar machen und dass z. B. „Lieferung Ende Mai" tatsächlich bedeutet „Lieferung **spätestens bis** Ende Mai." Ein Fixtermin müsste hingegen als „Lieferung 31.05. **fix**" oder auch „Lieferung Ende Mai **fix**" formuliert sein. Monatsende ist gemäß BGB immer der monatsletzte Tag. Den Fixkauf erkennt man also am Wort „fix" beim Termin.

Lösung zu Vorschlag 5: Marken, Sortimentsbildung, Kundenpflege

1. Mögliche Argumente: Bedienerfreundlichkeit, geringer Stromverbrauch. Da die Produkte für die Gastronomie bestimmt sind, mag auch die optische Anmutungsqualität ein Argument sein.
2. Dass der Großhändler die Concerto-Mühle lieber verkauft als die Precisa-Mühle ist ja offensichtlich. Die Concerto bringt einen Umsatz von 345 €, die Precisa nur 185 €. Gesucht werden Argumente, die den Preisunterschied vertretbar erscheinen lassen.
3. Eigenmarken eignen sich eher als Handelsmarken für die Kundenbindung, da jemand der ein Eigenmarkenprodukt kaufen will, dies nur bei diesem einen Händler bekommt. Ein Handelsmarkenprodukt bekommt man bei jedem Händler der Händlergemeinschaft.
4. In erster Linie ist hier an Serviceleistungen zu denken, die für den Kunden wichtig sind. Eine eher materielle Methode der Kundenbindung ist die Einführung eines Bonus anstelle des Mengenrabatts. Kundenbindung lässt Stammkunden entstehen, die zu einem beständigeren Umsatz beitragen.

Lösung zu Vorschlag 6: Merchandising, Sales Promotion

1. Unter **Merchandising** versteht man verkaufsfördernde Maßnahmen, die die Wiederverkäufer als Zielgruppe sehen und deren Knowhow verbessern (z. B. die Wiederverkäufer an einem geeigneten Warenwirtschaftssystem zu schulen). Maßnahmen der **Sales Promotion** haben zwar auch die Wiederverkäufer zum Ziel, aber auch um sie bei ihren Verkaufsbemühungen gegenüber ihren Kunden zu unterstützen (z. B. Produktproben zur Verfügung stellen.) Ob Merchandising oder Sales Promotion Kunden besser bindet, können Sie so oder so sehen – aber auf jeden Fall müssen Sie es plausibel begründen.
2. Die Kosten für Konzepte werden in Kauf genommen, weil man sich davon einen Mehrwert erhofft. Unternehmen hoffen, dass die Konzepte helfen, die Umsätze zu erhöhen.
3. Der Preiswettbewerb lässt sich umgehen und höhere Verkaufspreise begründen, wenn der Großhändler Serviceleistungen anbietet, die auf den Kunden zugeschnitten sind. Mehr Service statt niedrigerer Preise.
4. Ein Einführungsrabatt ist ein zeitlich befristeter Rabatt, um den Verkauf des Produkts anzuregen und das Produkt bekannt zu machen. Ob damit Kunden gewonnen werden, zeigt sich erst nach einiger Zeit, wenn aus Erstkäufern Wiederkäufer geworden sind. Ansonsten ist zu bedenken, dass nach dem Ende der Einführungsphase der Absatz erst einmal zurückgeht. Bevor der Einführungsrabatt ausläuft, wird noch einmal viel bestellt, sodass man jetzt erst einmal für eine bestimmte Zeit mit dem Artikel eingedeckt ist. Ist die auf Vorrat gekaufte Ware nach einer Weile verbraucht, muss man möglicherweise mit der Kundenakquise von vorne beginnen.
5. Die A-Kunden müssen besonders gepflegt werden, weil man sie auf gar keinen Fall verlieren darf. Sie sind zwar nicht zahlreich, machen aber einen den Hauptteil unseres Umsatzes aus. Wandert ein A-Kunde ab, führt das zu einem spürbaren Umsatzrückgang. C-Kunden hingegen sind zwar zahlreich vorhanden, ihr einzelner Umsatzbeitrag ist aber relativ gering. Die B-Kunden sind sozusagen die „Normalkunden". Auch an sie richtet sich die Kundenpflege, damit möglichst viele als Kunden bleiben.

Lösung zu Vorschlag 7: Sortimentsberatung

1. Eishörnchen sind für Großhändler ein problematisches Produkt. Sie kosten nicht viel, sind aber unglaublich empfindlich. Würde der Kunde z. B. 1.000 Eishörnchen bestellen, müsste man deutlich mehr als 1.000 Stück versenden, weil erfahrungsgemäß Bruch entsteht. Den Bruch kann man nicht vermeiden, außer man würde jedes einzelne Hörnchen von innen und außen auspolstern und stoßsicher verpacken. Das wäre angesichts des geringen Warenwerts aber unwirtschaftlich.
2. Erläutern Sie dem Prüfungsausschuss Ihre Erfahrungen mit den Kunden Ihres Ausbildungsunternehmens.
3. Erlaubt ist alles, was nicht regelwidrig ist. Man könnte den potenziellen Kunden bereits vor der Eröffnung besuchen und bei der Planung unterstützen. Auch die Eröffnung sollte nicht unbemerkt an uns vorbeigehen: Einen Glückwunsch zur Eröffnung ist angebracht. Vor allem sollte man auf ihn konfigurierte Angebote unter-

breiten – auch mit Artikeln die zu seiner Situation der Neueröffnung passen (z. B. Kassensystem, Servierwagen für Gläser und Geschirr). Scheuen Sie sich nicht, im Fachgespräch originelle Ideen vorzutragen.

4. Wenn der Preiswettbewerb nicht zu gewinnen sein wird, muss man den Wettbewerb auf andere Bereiche legen, möglichst auf solche, in denen man ein Alleinstellungsmerkmal hat. Das gelingt z. B. durch Serviceleistungen, die dem Kunden so wichtig sind, dass er einen im Vergleich zum Konkurrenten höheren Produktpreis akzeptiert.

5. Beim **indirekten Vertrieb** haben Sie zwischen sich und dem Kunden unternehmensfremde Absatzhelfer zwischengeschaltet (z. B. Handelsvertreter, Kommissionäre ggf. Makler). Beim **direkten Vertrieb** stehen zwischen Ihnen und Ihrem Kunden keine fremden Absatzhelfer. Kunde und Lieferer sind unmittelbarer in Kontakt. Zwar können Handlungsreisende den Kontakt angebahnt haben, da sie aber beim Lieferer angestellt sind, handelt es sich dennoch um einen direkten Vertrieb, weil keine Fremden zwischen Lieferer und Kunde stehen. Ob für Ihr Ausbildungsunternehmen der direkte oder der indirekte Vertrieb sinnvoll ist, lässt sich für beide Formen plausibel begründen.

Lösung zu Vorschlag 8: Sortimentsgestaltung, Kundenbetreuung, Kundenakquise

1. Die Herausforderung besteht in der gleichzeitigen Neuorientierung des Sortiments, dem Halten der Bestandskunden und der Akquise neuer Kunden, obwohl wir noch gar nicht wissen, wie die Sortimentsänderung bei den Kunden ankommen wird. Zwar ist davon auszugehen, dass die Idee zur Neugestaltung des Sortiments keiner Laune entsprungen ist, sondern auf der Analyse von Kundenbedürfnissen und -wünschen basiert, dennoch ist es ambitioniert, drei Baustellen gleichzeitig zu bespielen.

2. Mehr nachhaltige Produkte ins Sortiment aufzunehmen wäre nur dann eine Sortimentserweiterung, wenn sie additiv zum bestehenden Sortiment hinzukämen. Naheliegender ist aber doch, zugleich oder nach einer Übergangszeit die weniger nachhaltigen Produkte aus dem Sortiment zu nehmen, sodass das Sortiment modifiziert, aber nicht endlos erweitert wird.

3. Man kann die Bestandskundenbindung, die Kundenakquise und die Sortimentsgestaltung nicht isoliert voneinander angehen. Den Bestandskunden muss das modifizierte Sortiment und die Gründe, die zur Modifizierung geführt haben, plausibel gemacht werden. Dazu ist eine frühzeitige Kommunikation erforderlich. Dies kann über den Auftritt des Unternehmens in den sozialen Netzwerken als auch über Newsletter oder traditionelle Kommunikationsmittel erfolgen.

   Wichtig ist, die Kunden nicht einfach vor vollendete Tatsachen zu stellen, sondern sie an der Sortimentsumgestaltung teilhaben zu lassen. Wie auch immer der Großhändler kommunizieren wird: Es muss auf jeden Fall sichergestellt sein, dass die kommunizierenden Kunden eine Reaktion erfahren und das möglichst rasch.

4. Die Neukundenakquise erfolgt auf die klassische altmodische Weise, aber eben auch durch die Präsenz in den sozialen Medien. Inhaltlich sollte herausgestellt wer-

den, dass das Sortiment jetzt nachhaltiger werden wird bzw. geworden ist, denn das verspricht noch am ehesten Kunden anzusprechen, die bislang noch keine Kunden waren.

Lösung zu Vorschlag 9: Interne und externe Kooperation

1. Am naheliegendsten erscheint eine **Sortimentskooperation**, bei der die kooperierenden Großhändler zwar das gesamte Sortiment anbieten, aber nicht jeder alles bevorraten müsste. Ebenso ist eine **Einkaufskooperation** vorstellbar, bei der die kooperierenden Großhändler ihre Einkaufsmengen gemeinsam einkaufen und so über Mengenrabatte günstigere Einstandspreise erzielen können, als wenn jeder einzeln bestellt.
2. Durch Sortimentskooperation bieten alle Kooperationspartner ein reichhaltiges Sortiment an, ohne dass jeder das komplette Programm kaufen und bevorraten muss. Händler, die einen vom Kunden gewünschten Artikel nicht oder nicht in der gewünschten Menge vorrätig haben, werden dennoch von diesem Händler beliefert, weil er den gewünschten Artikel vom Kooperationspartner bekommt. Der Kunde merkt nicht einmal, dass der Artikel über einen anderen Händler gekommen ist. Idealerweise ergänzen sich die Sortimente der Kooperationspartner, sodass sich alle in ihrer Bevorratung auf die Artikel konzentrieren, die bei ihnen gut gehen und die „Langsamdreher" oder Penner-Artikel nicht bevorraten. Bei einem Kooperationspartner verhält es sich umgekehrt, sodass alle jederzeit alle Artikel anbieten können.
3. Die Kooperation zwischen den Abteilungen Einkauf und Verkauf ist eine interne Kooperation, die das Unternehmen aber besser am Markt werden lässt. Der Einkauf muss ja wissen, was sich gut absetzen lässt und was weniger gut – und zwar bevor er beschafft. Diese Information bekommt er vom Einkauf. Umgekehrt muss der Verkauf wissen, welche Artikel demnächst knapper oder teurer werden, sodass es sich vielleicht lohnen könnte, den Bestand nochmal aufzustocken. Der Einkauf muss mit den Produkten ebenso vertraut sein wie der Verkauf und umgekehrt. Diese Kooperation sollte selbstverständlich sein und kann auch ganz unbürokratisch dadurch stattfinden, dass sowohl Einkauf als auch Verkauf Zugriff auf die jeweiligen WWS-Module haben.
4. Interner Kooperation ist eine klassische Verrichtungsorganisation nicht besonders förderlich. Eine Objektorganisation oder eine Matrixorganisation gewährleisten das schon eher, ebenso eine Projektorganisation. Dort, wo Teams zusammentreten, ist darauf zu achten, dass die Teams nicht nur aus Teilnehmern derselben Abteilung gebildet werden.

Lösung zu Vorschlag 10: Umschlagshäufigkeit, Reklamationsquote, ABC-Analyse

1. Zu erkennen ist, dass die drei Artikel sehr unterschiedlich sind. Der Artikel 2310-0 hat nicht nur die höchste Umschlagshäufigkeit von allen, sondern ist auch vom Wertanteil der Bedeutendste. Umgekehrt ist der Artikel 2109-7 nicht nur derjenige

mit der niedrigsten Umschlagshäufigkeit, sondern auch der, bei dem die höchste Kundenunzufriedenheit besteht, wenn man die Reklamationsquote zugrunde legt.

[Selbstverständlich können Prüflinge auch noch andere Erkenntnisse aus dem Datenauszug gewinnen.]

2. Die Reklamationsquote gibt an, wieviel Prozent der verkauften Stückzahlen eines Artikels (oder der erfolgten Lieferungen) innerhalb eines bestimmten Zeitraumes anschließend von den Kunden reklamiert worden sind. Zwar sind Reklamationen, ebenso wie Retouren, in gewisser Hinsicht „Störungen im Betriebsablauf". Dennoch sind sie ein wichtiger Indikator dafür, dass der Artikel (oder unsere Auftragsabwicklung) verbesserungsbedürftig ist.

   Die vergleichsweise hohe Reklamationsquote beim Artikel 2109-7 könnte Anlass geben, den Lieferer zu wechseln oder ihn zu einer Produktverbesserung zu animieren. Immerhin: Kunden, die reklamieren, sind noch nicht verloren. Ob wir sie halten können, hängt davon ab, wie wir mit ihrer Reklamation umgehen: Sind sie eine Hilfestellung um besser zu werden oder sind sie uns lästig?

3. Da der Artikel 2310-0 den höchsten Umsatzanteil hat, wäre es unklug, ihn aus dem Sortiment zu nehmen.

4. Der Artikel 2109-7 hat den geringsten Umsatzanteil aller drei Artikel. Müssten wir das Sortiment bereinigen, wäre er der Exit-Kandidat.

5. Auch 10 % Umsatzanteil sind nicht zu verachten. Würde der Artikel 2109-7 aus dem Sortiment genommen, fehlten uns auf einen Schlag 10 % des Umsatzes. Vielleicht ist der niedrige Umsatzanteil eine Folge der relativ hohen Reklamationsquote. Alternativ zur Sortimentsbereinigung könnte an einer Qualitätsverbesserung des Produkts gearbeitet werden. Haben diese Bemühungen Erfolg, steigen vielleicht die Warenverkaufserlöse dieses Artikels und der Umsatzanteil wird höher.

2.4 Einkauf und Beschaffungslogistik

Lösung zu Vorschlag 1: Bestellverfahren, Bestelloptimum

1. a) Da dieses Problem bereits öfter aufgetreten ist, besteht Handlungsbedarf. Sie können diese permanenten Lieferungsverzögerungen, die das eigene Unternehmen vor erhebliche Probleme stellen kann, nicht einfach hinnehmen. Mögliche Maßnahmen können z. B. sein

      - Sie suchen nach anderen Lieferern. Problem: Die anderen Lieferer sind u. U. teurer als der bisherige Lieferant und über deren Lieferzuverlässigkeit lässt sich aus eigener Erfahrung vorab noch nichts sagen. Es könnte auch passieren, dass der andere Lieferer ebenfalls nicht pünktlich liefert und man somit nichts gewonnen hat.

      - Mit dem Lieferer künftig Vertragsstrafen vereinbaren, wenn der Liefertermin überschritten wird. Problem: Vertragsstrafen sind bei zweiseitigen Handelskäufen zwar zulässig, beheben aber das Problem nicht, sondern haben lediglich materiell spürbare Folgen, wenn der Liefertermin nicht eingehalten wird.

- Die Liefertermine künftig vorverlegen, sodass bei einer Verzögerung die Ware dennoch rechtzeitig eintreffen wird.

Beispiel

Die Lieferung wird am 30. des Monats benötigt. Als Liefertermin wird aber der 25. festgelegt. Verzögert sich die Lieferung um bis zu fünf Tagen, ist sie am 30. trotzdem noch rechtzeitig verfügbar. Problem: Es kann zu Lagerplatzproblemen kommen, wenn der Lieferer tatsächlich den vertraglich vereinbarten Liefertermin einhalten sollte.

b) Die Gegenargumente zu den Maßnahmen ergeben sich aus den unter a) genannten Problemen.

2. a) Beim Bestell**punkt**verfahren errechnen Sie den Meldebestand, um so den Bestellzeitpunkt feststellen zu können. Beim Bestell**rhythmus**verfahren bestellen Sie regelmäßig neue Ware.

   b) Wenn gleichmäßig viel abgesetzt wird, die Lagerentnahmen also nicht ständig schwanken, führen beide Verfahren zum selben Bestellzeitpunkt.

   Im Fachgespräch lässt sich hier vertiefend die **Bestellmenge** erörtern. Sie können dann Höchst- und Mindestbestände erklären und darlegen, wie sich die Bestellmenge errechnen lässt. Argumentieren Sie auch, ob Sie die Bestellmenge des Warenwirtschaftssystems immer übernehmen oder ob Sie sie grundsätzlich überprüfen, um ggf. eine andere Menge zu ordern. Hier können Sie – ggf. mit Ihrem Erfahrungshintergrund aus dem eigenen Unternehmen – Gründe darlegen, weshalb Sie Bestellmengenvorschläge nicht als Bestellmengenanweisungen betrachten wollen.

3. Die optimale Bestellmenge lässt sich zwar errechnen, aber nicht immer bestellen, wenn
   - die Mindestabnahmemenge höher als Ihr Optimum ist
   - die Verpackungseinheiten (z. B. 10er-Kartons) keine Bestellmengen erlaubt, die nicht auf vollen Kartons beruhen
   - die optimale Bestellmenge eine Dezimalzahl ist
   - Sie erhebliche Preisänderungen auf dem Beschaffungsmarkt erwarten
   - das Optimum knapp unter einer Mengenrabattschwelle liegt.

Lösung zu Vorschlag 2: Lieferbeziehungen pflegen und gestalten

1. Verhandlungen beanspruchen Zeit. Deshalb konzentriert man sich bei Verhandlungen über Preise und Konditionen auf die Lieferanten der A-Produkte, weil das diejenigen sind, die prozentual den größten Anteil am Beschaffungsvolumen und am gebundenen Kapital ausmachen.

2. Normalerweise versuchen Lieferer Kunden an sich zu binden. Der umgekehrte Fall, dass Kunden Lieferer an sich binden wollen, kommt z. B. vor, wenn

   - der von einem Lieferer bezogene Artikel knapp ist und der Kunde sich die Bezugsquelle dauerhaft sichern will
   - der Lieferer sehr zuverlässig, günstig und kulant ist oder selbst Bezugsquellen hat, die andere Lieferer nicht haben
   - mit diesem Lieferer Geschäfte möglich sind, die andere Lieferer nicht eingehen würden: z. B. Streckengeschäfte.

   Um den Lieferer an sich zu binden, muss der Kunde sein Alltagsgeschäft zuverlässig erledigen: die Rechnungen des Lieferers zuverlässig und pünktlich bezahlen, also weder Skonto- noch Zahlungsfristen überziehen. Er könnte für den Lieferer auch bestimmte Funktionen übernehmen, z. B. ihm helfen, einen Absatzmarkt zu erschließen.

TIPP

Das Thema Liefererbindung bietet im Fachgespräch auch Anknüpfungspunkte an den Rack jobber. In diesem Fall wäre der Lieferer (z. B. Hersteller) Rack jobber beim Großhändler. Der Großhändler wäre Kommissionär.

Außerdem ließe sich erörtern, inwieweit Barkäufe (also Wareneinkäufe, bei denen kein Zahlungsziel in Anspruch genommen wird) zur Liefererbindung beitragen.

---

3. a) Konzentration auf einen Lieferer:
      - hohe Abnahmemengen, deshalb günstige Einstandspreise (wegen Mengenrabatten)
      - Abhängigkeit von einer Bezugsquelle gefährdet die Lieferfähigkeit.

   b) Jahresbedarf auf mehrere Lieferer verteilen:
      - reduziert die Abhängigkeit von einzelnen Lieferanten
      - Da die Bestellmengen sich auf mehrere Lieferer verteilen, entfallen möglicherweise Mengenrabatte, sodass höhere Einstandspreise zu erwarten sind.

4. a) Beim Erreichen des **Meldebestands** muss neue Ware bestellt werden. Seine Höhe hängt davon ab, wie viele Mengeneinheiten in einer bestimmten Zeit abgesetzt werden, wie lang die Lieferfrist des Lieferers ist und wie hoch der Großhändler seinen Mindestbestand ansetzt.

   b) Bei den **Lagerkennzahlen** machen Sie zunächst einmal deutlich, wie sie zusammenhängen. Dabei bietet es sich an, „das Pferd von hinten aufzuzäumen“:
      - Die Höhe der Lagerzinskosten (= Kosten des im Warenbestand gebundenen Kapitals als Opportunitätskosten) hängen von der Lagerdauer und vom Lagerzinssatz ab.

- Die Höhe des Lagerzinssatzes hängt außer vom Kapitalmarktzins von der durchschnittlichen Lagerdauer ab.
- Die durchschnittliche Lagerdauer hängt von der Umschlagshäufigkeit und vom betrachteten Zeitraum (360 Tage, 180 Tage, 90 Tage) ab.
- Die Umschlagshäufigkeit wird bestimmt durch die Summe der Lagerentnahmen (in ME) in dem betrachteten Zeitraum (bzw. dem Wareneinsatz) und dem durchschnittlichen Lagerbestand in ME (bzw. in Euro bewertet).

Erscheint Ihnen der Lagerzinssatz zu hoch – sind die Kosten des gebundenen Kapitals also zu hoch – müssen Sie die Lagerdauer verkürzen, denn den Kapitalmarktzins können Sie nicht beeinflussen. Um die Lagerdauer zu verkürzen, muss die Umschlagshäufigkeit steigen. Das erreichen Sie, indem Sie entweder den durchschnittlichen Lagerbestand verringern (z. B. indem Sie den Mindestbestand reduzieren oder die Bestellmengen kleiner machen, was möglicherweise mit dem Verzicht auf Mengenrabatte einhergehen kann und damit den Einstandspreis erhöht) oder indem Sie mehr absetzen und deshalb mehr Waren entnehmen (bzw. den Wareneinsatz erhöhen).

Sie haben ja bereits in der Vorbereitung zur schriftlichen Prüfung die Lagerkennzahlen wiederholt und können jetzt davon profitieren. Wenn Sie die Lagerkennzahl „Umschlagshäufigkeit" auf Wertbasis ermitteln, also nicht in Mengeneinheiten sondern in Euro ausdrücken, ist das völlig in Ordnung. Sie würden auf Mengenbasis genau dasselbe Ergebnis herausbekommen. Machen Sie im Gespräch auch deutlich, dass sich Preisänderungen auf diese Lagerkennzahl nicht auswirken, denn sowohl im Zähler (Wareneinsatz) als auch im Nenner (durchschnittlicher Lagerbestand zu Einstandspreisen) haben Sie denselben Wertansatz, nämlich die Einstandspreise.

TIPP

Vertiefend können Sie den Begriff **Wareneinsatz** (= abgesetzte d. h. verkaufte Menge zu Einstandspreisen) erklären und ihm den Begriff **Warenumsatz** (= abgesetzte d. h. verkaufte Menge zu Verkaufspreisen) gegenüberstellen. Die Differenz zwischen Warenumsatz und Wareneinsatz wird als **Rohgewinn** bezeichnet. Sie können jetzt **Rohgewinn** vom **Reingewinn** abgrenzen und beweisen somit, dass Sie über umfassende Kenntnisse verfügen.

Wichtig ist, dass Sie sozusagen fließend von den Lagerkennzahlen auf Wareneinsatz und Warenumsatz dann auf Rohgewinn und Reingewinn zu sprechen kommen. Daran merken die Prüfer, dass Sie die Zusammenhänge verstehen – und das ist es schließlich, was am Ende einer Ausbildung stehen sollte: Verstehen, worum es geht, Handlungskompetenz besitzen. Das überstrahlt dann auch die eine oder andere Schwäche oder Ungenauigkeit.

Lösung zu Vorschlag 3: Beschaffungskosten und Beschaffungsprozess

1. Durch die Verlängerung des Bestellrhythmus erhöht sich die Menge, die pro Bestellung geordert wird, weil Sie seltener bestellen müssen. Deshalb verringern sich die Bestellkosten, aber die Lagerkosten steigen.

2. Im Gesprächsverlauf verdeutlichen Sie, dass das in der Ausgangssituation gesetzte Ziel, die Beschaffungskosten zu verringern, erreicht ist. Durch das veränderte Bestellverfahren ergibt sich aber eine neue **optimale** Bestellmenge, für die ist die Summe aus Beschaffungskosten und Lagerkosten entscheidend. Was bringt es dem Großhändler, wenn der längere Bestellrhythmus die Bestellkosten z. B. um 500 € verringert, zugleich aber die Lagerkosten um 1.500 € ansteigen?

   Da infolge der größeren Bestellmenge auch der Lagerbestand bzw. die Lagerdauer steigt, besteht – z. B. bei Produkten mit Mindesthaltbarkeitsdatum (MHD) – die Gefahr, dass ein Teil der gelagerten Produkte nicht mehr verkauft werden kann (MHD überschritten; technisch überholt, weil inzwischen eine verbesserte Produktvariante auf dem Markt ist; wirtschaftlich veraltet, weil das Produkt nicht mehr im Trend liegt) und deshalb abgeschrieben werden muss.

   Natürlich können auch andere nachteilige Folgen eintreten, die Sie dann darlegen können.

3. a) Siehe hierzu auch die Lösung zum 2. Vorschlag (4. Leitfrage).
   Wenn auch das Fallbezogene Fachgespräch keine schriftliche Prüfung ist, so finden Sie hier in der 3. Leitfrage eine Situation, die sich durch einfaches Kopfrechnen berechnen lässt. Der Meldebestand beträgt (3 • 15) + (4 • 15) = 105 ME. Selbst wenn Sie in der Prüfungssituation gerade nicht im Kopf rechnen können, sind Sie dennoch in der Lage, zumindest den Rechenweg zu erläutern.

TIPP

Im Gespräch sollten Sie auch die Höhe des Mindestbestands beurteilen. Faktisch könnte sich der Wareneingang um drei Tage zu verzögern, Sie sind aber dennoch lieferfähig, weil Ihr Mindestbestand für drei Tage ausreicht. Bewerten Sie diesen Mindestbestand aber nicht einfach mit „zu niedrig", „angemessen" oder „zu hoch", sondern kommentieren Sie Ihr Urteil. Wenn Sie beispielsweise annehmen, dass die Lieferfrist bislang immer eingehalten wurde, der Lieferer also zuverlässig ist, dürfte Ihnen der Mindestbestand als hoch vorkommen, da er 75 % der Lieferfrist umfasst. Wissen Sie dagegen, dass es in der Vergangenheit öfter zu teilweise erheblichen Verzögerungen gekommen ist, werden Sie den Mindestbestand wahrscheinlich als zu gering empfinden. Bringen Sie diese Aspekte von sich aus ins Gespräch ein und warten Sie nicht auf eine entsprechende Frage des Ausschusses. Denn stellt er diese Frage gar nicht, haben Sie eine Chance verpasst, ihre Handlungskompetenz unter Beweis zu stellen.

b) **Bestellmengenvorschlag = Höchstbestand - Mindestbestand**

Da als Höchstbestand 500 ME festgelegt sind und der Mindestbestand bei 45 ME liegt, wird der Bestellvorschlag des Warenwirtschaftssystems 455 ME lauten. Grund ist, dass – wenn alles wie vorgesehen verläuft – die neue Ware dann eintrifft, wenn nur noch der Mindestbestand am Lager ist. Der Bestellvorschlag erhöht sich um die Menge, um die zum Bestellzeitpunkt der Meldebestand unterschritten wurde.

c) Höchstbestände dienen dazu, die Lagerkapazität nicht zu überlasten. Vor allem aber helfen sie, das gebundene Kapital zu begrenzen und das Einkaufsbudget zu bestimmen. Sie könnten daran anknüpfend, die **Limitrechnung** ins Gespräch bringen und beschreiben.

d) Mindestbestände sichern die Lieferfähigkeit für den Fall, dass
- sich der Wareneingang verzögert
- überdurchschnittlich viel abgesetzt wird, nachdem neue Ware bestellt wurde
- der Meldebestand unterschritten werden musste.

Beispiel

Der Meldebestand liegt bei 120 ME. Am 12.05. sind noch 125 ME auf Lager; es wird noch nicht bestellt. Am 13.05. werden 40 ME abgesetzt, sodass der Meldebestand um 35 ME unterschritten ist.

e) Sie weichen in Ihrer Bestellung vom Bestellvorschlag des Warenwirtschaftssystems ab,
- weil der Bestellvorschlag unter der Mindestabnahmemenge des Lieferers liegt
- weil sie mit einer höheren Bestellmenge einen höheren Mengenrabatt in Anspruch nehmen können
- der Bestellvorschlag nicht berücksichtigt hat, dass Sie schon Vorabbestellungen hatten, die demnächst erst zur Ausführung kommen.

4. Siehe hierzu die Lösungstipps zum 2. Vorschlag (Leitfrage 3).

Lösung zu Vorschlag 4: Beschaffungssicherung, Transport und Lagerung

1. a) Anhand der Proben lassen sich frühzeitig Schäden erkennen, die die Qualität des Produkts beeinträchtigen. Da das relativ früh absehbar ist, lassen sich zum Teil noch rechtzeitig andere Bezugsquellen finden.

   b) Proben, die zeigen, dass am Ende die geforderte Qualität des Produktes nicht erreicht werden wird, führen dazu, dass man andere Bezugsquellen sucht. Selbstverständlich wird zuerst geprüft werden, ob die festgestellten absehbaren Schäden durch vertretbare Maßnahmen noch abgewendet werden können

(z. B. Berieselung bei Trockenschäden; Entwässerung des Bodens bei anhaltender Starknässe; Umzäunung oder Überplanung bei Wildschäden).

2. a) Der Großhändler muss einen Plan B haben, d. h. er muss Lieferverträge mit Möhrenanbauern aus unterschiedlichen Regionen abschließen, weil es unwahrscheinlich ist, dass überall Missernten auftreten werden.

   b) Es kommen nur zertifizierte Anbieter in Frage, die bereit und in der Lage sind, die Produktspezifikationen des Großhändlers zu erfüllen und die Menge liefern können, über die dann der Vertrag geschlossen wird. Der Prozess der Lieferantenauswahl verläuft mehrstufig. Zum Teil spricht man Erzeuger an, zum Teil bieten Anbauer von sich aus an. Bereits vor Abschluss eines Vertrags kooperieren potenzielle Lieferer mit dem Großhändler, indem sie ihm den Produktionsprozess einschließlich ihrer Lagerung offenlegen. Knock-out-Kriterien sind der Qualitätsanspruch und die Liefermöglichkeit bezüglich der Menge.

3. So wie bei Tiefkühlwaren die Kühlkette nicht unterbrochen sein darf, so müssen Möhren nach der Ernte bis zur Lagerung beim Großhändler unter konstanten ununterbrochenen Bedingungen behandelt werden. Dazu gehören das Raumklima, das ständig überwacht und konstant gehalten wird und der Transport ggf. mit entsprechender Abdeckung des Produkts.

4. a) Vorteile der Eigenlagerung sind, dass der Großhändler selbst die Bedingungen der Lagerung (Beleuchtung, Belüftung, Raumklima) bestimmen und überwachen kann und daher selbst dafür sorgen kann, dass die Produktqualität durch Lagerung nicht beeinträchtigt wird. Die Ware kann ständig kontrolliert werden, sodass Veränderungen frühzeitig auffallen und ggf. korrigierbar sind. Ein weiterer Vorteil ist die Weisungsgebundenheit der Mitarbeiter im Lager. Bei Fremdlagerung kann der Großhändler den Angestellten des Lagerhalters keine Weisungen erteilen. Noch wichtiger als die Weisungsgebundenheit ist, dass die eigenen Mitarbeiter die Waren des Sortiments und ihre Anforderungen kennen und sie entsprechend behandeln können.

   b) Wenn der Großhändler über einen Fuhrpark verfügt, könnte er Waren nicht nur an seine Kunden ausliefern, sondern sie auch von seinen Lieferern abholen. Ob Ihr Unternehmen das so praktiziert, wissen Sie und Sie werden auch erläutern können, warum Ihr Unternehmen es nicht so handhabt, z. B. aus Kostengründen oder weil die Lieferer geografisch so weit entfernt sind, dass das nicht sinnvoll ist.

Lösung zu Vorschlag 5: Optimale Bestellmenge

1. Ein Risiko besteht in einer möglichen Lieferungsverzögerung. Das muss nicht gleichbedeutend mit einem Lieferungsverzug sein. Um lieferfähig zu bleiben, müsste man entweder den Mindestbestand erhöhen (um Verzögerungen besser überbrücken zu können) oder den Meldebestand anheben und infolgedessen früher bestellen.

   Um im Falle eines Lieferungsverzugs dem Lieferer nicht erst eine Nachfrist setzen zu müssen, sondern gleich vom Vertrag zurücktreten und anderswo bestellen zu können, empfiehlt es sich, die Bestellung als **Zweckkauf** kenntlich zu machen. Dann können Sie als Kunde mit dem Verstreichen des Fälligkeitstermins sofort vom Vertrag zurücktreten und eine spätere Lieferung des Lieferers ablehnen.

2. a) Bei C-Artikel muss man keine optimale Bestellmenge festlegen, da diese Artikel nur einen kleinen Anteil am Gesamtwarenwert haben.

   b) Bestellkosten (abhängig von der Bestellhäufigkeit) und Lagerkosten. Im Optimum ist die Summe aus beiden Kosten am niedrigsten.

   c) Siehe Lösung zum 1. Vorschlag (3. Leitfrage).

3. Wenn Sie bei diesem Lieferer weniger bestellen als für den Bonus notwendig ist, wäre ein Sofortmengenrabatt besser als ein Bonus. Wenn die Einzelbestellungen häufig unter der Menge liegen, ab der ein Mengenrabatt gewährt wird, ist der Bonus günstiger, weil hier nicht der Einzelauftrag, sondern der Jahresauftragswert maßgebend ist. Diesen Wert kann man auch mit vielen kleinen Bestellmengen erreichen.

TIPP

Sie sollten im Gespräch noch einen anderen Aspekt erwähnen. Die Mengenrabatte werden ihnen sofort gewährt, d. h. sie werden gar nicht erst in Rechnung gestellt, weil sie vom Listenpreis bereits abgezogen werden. Ihr Einstandspreis ist also geringer als ohne Mengenrabatt und Sie müssen weniger bezahlen. Das wirkt sich positiv auf Ihre Liquidität aus. Den Bonus erhalten Sie erst rückwirkend vergütet. Das bedeutet, dass Ihre Liquidität zunächst einmal stärker beansprucht wird als beim Sofortrabatt.

4. Diese Leitfrage betrifft den Aspekt Qualitätskontrolle. So wie hier wird man sie nur Ausbildenden stellen können, die mit dem Produkt Frischfisch zu tun haben. Für alle Branchen gilt aber, dass Sie die Produktqualität durch

   - **sensorische** Tests (Schauen, Riechen, Fühlen, Schmecken) feststellen können. Bei Produkten aus Stahl oder Holz macht Riechen und Schmecken keinen Sinn, bei Flüssigkeiten wäre Fühlen unsinnig. Bei Fisch aber können Sie riechen, ob der Fisch frisch ist, oder sie können ihn betrachten (weil nicht mehr frischer Fisch eher grünlich ist). Vor allem können Sie die Frische fühlen: Wenn Sie den Fisch betasten und mit dem Finger einmal auf den Körper drücken, sehen Sie, wie schnell die eingedrückte Delle wieder verschwindet (schnell = frischer Fisch, langsam = nicht mehr frischer Fisch).
   - **verschiedene Labortests** feststellen können.

Lösung zu Vorschlag 6: Qualitätssicherung bei der Warenbeschaffung

1. a) Bei dieser Leitfrage wird sich zeigen, ob ein Unternehmen auf seiner Homepage nur Versprechungen macht oder ob hinter den nicht messbaren Begriffen „außerordentlich", **„höchste Qualität"** und „qualitativ überzeugt" Substanz steckt.

Ist Letzteres der Fall, sollte der Auszubildende das veranschaulichen können, weil er es während seiner Ausbildung erlebt, gesehen und gelernt hat. Steckt nichts dahinter, bietet sich hier die Gelegenheit, nachzudenken, wie man „außerordentliche" und „höchste Qualität" feststellen kann.

b) Siehe Lösung zum 4. Vorschlag (2. Leitfrage, S. 80).

2. a) Als Kunde müssten Sie einen Incoterm wählen, bei dem die Gefahr recht spät auf ihr Unternehmen übergeht. Das ist am ehesten ein Incoterm der D-Gruppe mit Ihrem Firmensitz als benannten Ort. E- und F-Klauseln scheiden aus, weil hier die Gefahr dann schon früh auf Sie überginge. Auch von C-Klauseln ist abzuraten. Als Zwei-Punkt-Klauseln fällt hier der Ort des Gefahrenübergangs nicht mit dem Ort des Kostenübergangs zusammen.

b) Der Kunde kann das feststellen, indem er sich mit den Warenbegleitpapieren (Frachtbrief bei Fremdtransport, Lieferschein bei Eigentransport) auch das Kühlprotokoll aushändigen lässt und es prüft. Tiefkühlfahrzeuge messen in regelmäßigen Abständen (z. B. alle 15 Minuten) die Temperatur und protokollieren sie. Die Kühlkette muss ununterbrochen sein, damit Tiefkühlware nicht auftaut und anschließend wieder gefrostet wird. Das wäre gesundheitsschädlich.

c) HACCP steht für Hazard Analysis and Critical Control Points (= Gefahrenanalyse kritischer Kontrollpunkte). Mit dem HACCP-Konzept identifiziert ein Unternehmen, wo bei ihm die kritischen Punkte liegen (z. B. Entladung) und ergreift Maßnahmen, mit denen die daraus resultierenden Gefahren verringert oder beseitigt werden

(z. B. Entladung von TK-Ware in einer Schleuse; Abladen und Einlagern im TK-Lager muss binnen 20 Minuten abgeschlossen sein).

3. a) Sie wissen, warum Sie die gemäß „Verordnung (EU) Nr. 1169/2011 des Europäischen Parlaments und des Rates vom 25.10.2011 betreffend die Information der Verbraucher über Lebensmittel (LMIV)" – kurz: Lebensmittel-Informationsverordnung – erforderliche Lebensmittelkennzeichnung vornehmen müssen: Weil Sie mit Fertigpackungen von Lebensmitteln handeln, die letztlich der Endverbraucher kauft und zu sich nimmt. Kennzeichnen muss zwar der Produzent, nicht der Händler, der Händler bekommt aber Probleme, wenn er Fertigpackungen verkauft, bei denen der Hersteller die Kennzeichnung unterlassen hat.

Deutlich gekennzeichnet werden müssen

- die Verkehrsbezeichnung des Produkts
- der Name oder die Firma und die Anschrift des Herstellers, des Verpackers oder Vertreibers
- das Verzeichnis der Zutaten (in absteigender Reihenfolge ihres Gewichtsanteils zum Zeitpunkt ihrer Verwendung bei der Herstellung – ohne Mengenangabe), eine Mengenangabe ist aber erforderlich, wenn eine Zutat besonders hervorgehoben wird durch Wort oder Bild

- das Mindesthaltbarkeitsdatum oder bei in mikrobiologischer Hinsicht sehr leicht verderblichen Lebensmitteln das Verbrauchsdatum
- die Mengenangaben/Füllmenge und
- Allergene.

b) Als Großhändler müssen Sie darauf achten, dass der Hersteller, von dem Sie die Produkte beziehen, die entsprechenden Kennzeichnungen angebracht hat. Nur der Produzent kann das machen, weil er weiß, wie produziert wurde und welche Zutaten und Bestandteile das Produkt enthält, und er muss für die Angaben geradestehen. Liefert der Hersteller ohne die Kennzeichnungen, ist das aus Ihrer Sicht eine mangelhafte Lieferung, weil Sie die Ware ohne Kennzeichnungen nicht verkaufen dürfen.

Lösung zu Vorschlag 7: Warenwirtschaftssystem

1. Für **Beschaffung** relevant sind z. B. Daten wie Bestellmengen und Bestellzeitpunkte, Umschlagshäufigkeiten, Bestellmengenvorschläge und Lieferantennummern.

   Der **Vertrieb** kann auf Daten wie Kundennummern, Kundenbestellungen (Mengen und Zeitpunkte), Kundenkategorisierungen A, B und C zurückgreifen.

2. Bei **„Lieferung 02.07.20..“** handelt es sich um einen Terminkauf. Der Lieferer muss bis zum 02.07.20.. geliefert haben. Bei **„Lieferung 02.07.20.. fix“** liegt ein Fixkauf vor, das bedeutet, dass der Lieferer nicht vor dem 02.07.20.., sondern exakt am 02.07.20.. liefern muss. Zu spät zu liefern ist weder beim Terminkauf noch beim Fixkauf eine Option.

3. Eingabefehler lassen sich durch Kontrollen zwar nicht verhindern, Kontrollen tragen aber zu ihrer Entdeckung bei. Eingabefehler lassen sich reduzieren, wenn man die Eingabe automatisiert. Technisch kann das durch Handscanner und Mobile Datenerfassungsgeräte oder durch sprachgesteuerte Vorgänge (etwa „pick by voice“) geschehen.

4. Außendienstmitarbeiter nehmen vieles wahr, was für ihren Arbeitgeber von Interesse sein kann, z. B. dass Kunde X Artikel von Konkurrent → im Sortiment hat, oder dass er neue Warengruppen führt bzw. andere nicht mehr führt. Das nützt nur nichts, wenn der Großhändler nichts davon erfährt.

   Um sicherzustellen, dass Informationen auch zum Arbeitgeber gelangen, kann das Unternehmen seine Außendienstmitarbeiter zu Besuchsberichten verpflichten. Der Aufwand kann reduziert werden, wenn die Besuchsberichte standardisiert werden, weil so klar ist, worüber der Großhändler etwas erfahren will und ihn nicht nur Informationen erreichen, von denen der Außendienstler glaubt, dass sie wichtig seien. Um die Auswertung der Besuchsberichte zu erleichtern und das Berichterstellen zu vereinfachen, kann mit Ankreuzfeldern gearbeitet werden.

5. Auszubildende sollten wissen, dass ein elektronisches Zeiterfassungssystem zulässig ist – aber nur, wenn der Betriebsrat dem zugestimmt hat.

Lösung zu Vorschlag 8: Warenwirtschaftssystem, betriebliche Kennzahlen

1. Diese Leitfrage können Sie aus Ihrer Erfahrung im Ausbildungsunternehmen beantworten, denn Sie haben mit dem bei Ihnen eingesetzten WWS gearbeitet. Fangen Sie aber nicht mit Kritikpunkten an. Legen Sie dar, wie Sie damit gearbeitet haben und wie es Ihre Arbeit erleichtert hat. Am Schluss können Sie sagen, welche Informationen das Warenwirtschaftssystem noch liefern sollte und weshalb. Vielleicht haben Sie sogar eine Idee, warum es das zurzeit noch nicht kann (z. B. gesetzliche Beschränkung, Datenschutz).
2. Siehe Lösung zum 7. Vorschlag (3. Leitfrage).
3. Sollten Sie erlebt haben, welches Management-by-Konzept in Ihrem Ausbildungsunternehmen praktiziert wird, dann sprechen sie darüber. Ansonsten beziehen Sie sich auf Ihre Kenntnisse aus dem Berufsschulunterricht und vergleichen Sie zwei der Ihnen bekannten Konzepte. Es ist sinnvoll, sich auf die gängigen Konzepte zu beschränken: Management by Delegation (MbD), Management by Exception (MbE), Management by Objectives (MbO). Die genannten Konzepte sind in langjähriger Praxis erprobt (was nicht heißen soll, dass andere nicht praxistauglich sind).
4. a) Zum Beispiel Motivation über flexible, familienkompatible Arbeitszeiten, Möglichkeit zum Homeoffice, Möglichkeiten beruflich voranzukommen (Personalentwicklung), Möglichkeit zum berufsbegleitenden Studium, duales Studium (Ausbildung + Studium) usw.

   b) Mitarbeiter/-innen, die aus eigener Initiative die digitalen Medien und moderne Kommunikationsmittel nutzen, um neue Leistungen (oder Produkte) zu entwickeln, müssen gefördert werden. Denken Sie an Mitarbeiter, die es den Kunden leichter machen, durch die Möglichkeit der Online-Bestellung oder die einen Online-Shop initiieren.
5. Sie kennen das Organigramm Ihres Unternehmens. Sie müssen es ja nicht detailgetreu nachskizzieren, aber es muss deutlich werden, ob im Unternehmen das Funktionsprinzip oder das Objektprinzip gilt. Vertiefend können Sie Aufbau- und Ablauforganisation unterscheiden und erläutern, was schlanke Hierarchien sind.

Lösung zu Vorschlag 9: Lagerhaltungssysteme, Lagerkennzahlen

1. a) Beim **Festplatzsystem** hat jeder Artikel einen genau definierten Lagerort. Beim **Freiplatzsystem** werden die Artikel dort eingelagert, wo gerade Lagerplatz verfügbar ist. Deshalb kann es vorkommen, dass ein Artikel an mehreren Stellen im Lager liegt. Vertiefend lässt sich im Prüfungsgespräch auf die Anforderungen an das Warenwirtschaftssystem eingehen, wenn chaotisch gelagert wird.

   b) Da Sie wissen, welches Lagerhaltungssystem in Ihrem Ausbildungsunternehmen praktiziert wird, sollten Sie auch deutlich machen können weshalb.
2. a) Beschaffte Ware muss bezahlt werden. Solange die Ware im Lager liegt, ist sie i. d. R. noch nicht verkauft. Es gibt also noch keinen Umsatz, der zu einem Zahlungseingang führt. Solange keine Zahlungen eingehen, ist das beim Einkauf aufgewendete Kapital noch in den Waren gebunden.

b) Die Kapitalbindung kann verringert werden durch

- längere **Zahlungsziele** beim Wareneinkauf und kürzere Zahlungsziele beim Warenverkauf
- durch eine höhere Umschlagshäufigkeit und eine daraus resultierende kürzere **Lagerdauer**
- einen niedrigeren **durchschnittlichen Lagerbestand**.

3. a) In erster Linie durch den **Lagerzinssatz**, da dieser aber Folge der **durchschnittlichen Lagerdauer** ist und die Lagedauer aus der **Umschlagshäufigkeit** resultiert, worauf neben dem Wareneinsatz auch der **durchschnittliche Lagerbestandswert** Einfluss hat, besitzen letztlich alle Lagerkennzahlen Aussagekraft über die Wirtschaftlichkeit.

   b) Der Großhändler kann durch sein eigenes Verhalten natürlich nur die Höhe des **durchschnittlichen Lagerbestands** bestimmen, indem er mehr oder weniger bestellt oder den **Mindestbestand** verändert. Durch absatz- bzw. beschaffungspolitische Maßnahmen kann er auch versuchen, den Wareneinsatz zu beeinflussen. Wenn aber die Kunden auf die eingeleiteten Maßnahmen nicht reagieren, nützen sie ihm nichts.

4. Der Lagerbestand wird zum **Einstandspreis** bewertet. Da normalerweise teurer verkauft als beschafft wird, entspricht diese Bewertung dem Niederstwertprinzip. Außerdem ist der Einstandspreis realisiert, der Verkaufspreis noch nicht.

5. a) Es kommt nicht auf die gegenwärtige Situation an, sondern auf die Erwartungen an die Zukunft. Nimmt der Großhändler an, in Zukunft mehr Mengeneinheiten zu lagern, kommt er der kritischen Lagermenge immer näher oder übersteigt sie sogar, sodass langfristig die Eigenlagerung doch die kostengünstigere Lösung sein wird. Sie können ebenso umgekehrt argumentieren, dass die Fremdlagerung gegenwärtig günstiger wäre und nur ein vorübergehendes Ereignis sei. Deshalb würden Sie aber doch nicht Ihre eigenen Lagerkapazitäten abbauen.

   b) Fremdlagerung, die teurer ist als Eigenlagerung, ist nur dann sinnvoll, wenn Sie mittelfristig mit weniger Lagererzeugnissen rechnen. Das wird dann der Fall sein, wenn Sie Absatzrückgänge befürchten und deshalb auch weniger einkaufen und lagern müssen oder wenn Sie auf Streckengeschäfte oder Cross-docking umstellen, dann sinken Ihre Lagermengen, sodass Sie bald unterhalb der kritische Größe lagern, mit der Folge, dass Fremdlagerung wieder günstiger wird.

Lösung zu Vorschlag 10: Lagerkosten, Warenkontrolle

1. Am ehesten können Sie die Kosten des Lagerbestands senken, weil sie überwiegend variabel sind. Die Lagerkapazitäts- und -einrichtungskosten sind eher fixe Kosten. Die Lagerbestandskosten können Sie senken, indem Sie die Kapitalbindung verringern, das bedeutet, dass Sie die Umschlagshäufigkeit steigern müssen. Dies gelingt Ihnen, indem Sie den durchschnittlichen Lagerbestandswert senken und/oder den Wareneinsatz erhöhen.

2. Umschlagshäufigkeit steigern → durchschnittliche Lagerdauer verringern → Lagerzinssatz senken
3. a) Vor Einlagerung ist eine Warenkontrolle notwendig, weil man sonst vorhandene Sachmängel nicht unverzüglich rügen und keine Gewährleistungsansprüche geltend machen kann.

   b) Beanstandete Ware wird gar nicht erst eingelagert, sodass sie auch nicht irrtümlich kommissioniert und ausgeliefert werden kann, was Rücksendungen durch den Kunden zur Folge hätte. Handelt es sich bei den Waren um Lebensmittel, verhindert die Warenkontrolle, dass verdorbene Ware andere Waren ansteckt.
4. Cross-docking, Just-in-time-Belieferungen und Streckengeschäfte erfordern keine Lagerhaltung mehr. Wo nichts gelagert werden muss, fallen auch keine Lagerkosten an. Das ist positiv. Cross-docking und Just-in-time-Belieferung gefährden aber die eigene Lieferfähigkeit, wenn der Lieferer den Terminplan nicht einhält. Das ist negativ. Negativ ist auch, dass der Großhändler beim Streckengeschäft die Ware nicht kontrollieren kann, weil er sie ja gar nicht zu Gesicht bekommt, er für seinen Kunden aber dennoch Ansprechpartner ist, wenn der Lieferer des Großhändlers dessen Kunden mangelhaft beliefert hat.

Lösung zu Vorschlag 11: Lagerhaltungskosten und -risiken

1. Das Problem ist, dass Lieferungen nach Grimsby keine innergemeinschaftlichen Verbringungen mehr sind, seitdem GB aus dem Binnenmarkt der EU ausgeschieden ist. Stattdessen handelt es sich vielmehr aus britischer Sicht um Importe, die ggf. zu verzollen sein werden. Das Unternehmen sollte sehr genau analysieren, wie viel Ware vom Lager Grimsby an Kunden in GB geht und wie viel an Kunden in Irland und Skandinavien. Bleibt der Großteil der Ware in GB kann das Unternehmen sein Lager in Grimsby beibehalten und ein kleineres Lager in Irland oder in Skandinavien errichten, von wo aus dann die dortigen Kunden beliefert werden. Sind Warenlieferungen an Kunden in GB vergleichsweise gering, sollte das Unternehmen das Lager Grimsby auflösen und stattdessen das Auslieferungslager in Irland oder Skandinavien errichten, von wo aus dann auch die Kunden in GB beliefert werden können. So müsste nur der Teil verzollt werden, der auch wirklich für Kunden in GB bestimmt ist.
2. Eine zentrale Lagerung ist immer dann empfehlenswert, wenn dezentrale Lagerung keinen Vorteil bzw. keinen Nutzen hat. Für dezentrale Lagerung spricht meistens, dass eine Lagerung in Kundennähe zu kürzeren Transportzeiten und zu geringeren Transportkosten führt (egal, wer die Kosten zu tragen haben wird). Sind die Kunden eines Unternehmens aber nicht räumlich konzentriert, sondern mehr oder weniger gleichmäßig über den Markt verteilt, entbehrt das Argument für dezentrale Lagerung jeder Substanz. Zentrale Lagerung ist also sinnvoller als dezentrale Lagerung, wenn die geographische Verteilung der Kunden keinen Schwerpunktraum erkennen lässt.

3. Die Höhe der Lagerbestandskosten hängt im Wesentlichen von zwei Faktoren ab: der Höhe des (durchschnittlichen) Lagerbestands und der (durchschnittlichen) Lagerdauer.

   Der (durchschnittliche) Lagerbestand wird seinerseits u. a. durch die Höhe des Mindestbestandes und der Bestellmenge bestimmt. Je höher die Bestellmenge ist, desto mehr Ware muss gelagert werden. Das Unternehmen müsste also zum einen prüfen, ob der Mindestbestand in der jetzigen Höhe weiterhin erforderlich ist (weil z. B. die Lieferer wenig termintreu sind) und ob die Bestellmenge verringert werden kann. Eine verringerte Bestellmenge würde über den niedrigeren Durchschnittsbestand die Umschlagshäufigkeit erhöhen, was einer kürzeren (durchschnittlichen) Lagerdauer entspricht. Allerdings muss das Unternehmen auch prüfen, ob die geringere Bestellmenge nicht zu mehr Bestellkosten führt (weil dann häufiger bestellt werden muss) als an Lagerkosten eingespart wird.

4. Natürlich geben die Lagerkennzahlen einen Hinweis. Aber die Lagerkennzahlen haben nur dann Bedeutung, wenn man eine Vorstellung von der „richtigen" Höhe der Kennzahlen hat und man damit die Ist-Kennzahl mit der Soll-Kennzahl vergleichen kann.

   Eine solche Soll-Kennzahl kann auch der Branchendurchschnitt sein (wobei man in den Durchschnitt selbst mit eingeflossen ist) oder die Kennzahlgröße der Benchmark bzw. des wichtigsten Konkurrenten.

5. Neben den versicherungsfähigen Risiken wie Feuer und Diebstahl, gegen die man auch baulich Vorkehrungen treffen kann (z. B. durch Sprinkleranlagen, die Versicherungen ohnehin vorschreiben und durch einbruchshemmende Tore und Fenster bis hin zum Wach- und Schließdienst), liegen die Risiken in der Dauer der Lagerung. Je länger Artikel lagern, desto mehr kann passieren. Besonders das Risiko wirtschaftlicher Veralterung ist hoch. Wenn eine verbesserte Version eines Artikels auf den Markt kommt, verliert die ältere Version, die noch am Lager liegt, an Wert. Das bedeutet, dass man den Artikel stärker rabattieren müsste, um ihn noch loszubekommen, weil die Kunden nicht bereit sein werden, für eine veraltete Version den bisherigen Preis zu entrichten. Außerdem steigt das Risiko, dass Lagererzeugnisse dauerhaft unverkäuflich werden, je länger sie an Lager liegen. Das kann an veränderten Nachfragepräferenzen ebenso liegen, wie an physischen Veränderungen der Lagererzeugnisse (z. B. Verderb).

Lösung zu Vorschlag 12: Qualitätssicherung im Lager

1. HACCP steht für **H**azard **A**nalysis **C**ritical **C**ontrol **P**oint. Das HACCP-Konzept ist ein systematischer Ansatz der Lebensmittelindustrie und des Handels, um einwandfreie Lebensmittel zu gewährleisten. Als Großhändler sorgen wir somit dafür, dass die bezogenen Lebensmittel bei uns nicht schlechter werden und dem Kunden dann schaden. Das HACCP-Konzept dient also zunächst einmal dem Verbraucherschutz, indem seine Umsetzung davor bewahrt, dass Lebensmittel ungenießbar oder sogar gesundheitsschädlich werden.

Das HACCP-Konzept beinhaltet

a) eine Gefahrenanalyse (welche Risiken/Gefahren können auftreten und wie ist denen vorzubeugen?)

b) eine Identifizierung der kritischen Kontrollpunkte

c) die Bestimmung von Toleranzwerten und Eingreifkriterien an den kritischen Punkten

d) Überwachungs- und Kontrollmechanismen an den kritischen Punkten

e) Dokumentation der Kontroll-, Vorbeuge- und Eingreifmaßnahmen.

2. In der Lebensmittelgroßhandlung liegen die kritischen Punkte in der Anlieferung und in der Wareneingangskontrolle – insbesondere wenn es um Tiefkühlprodukte geht. Deren Kühlkette darf nicht unterbrochen werden. Aus diesem Grund sind die Anlieferungsbereiche der Tiefkühlläger mit einer „Schleuse“ versehen. Die Transportfahrzeuge fahren in die Schleuse ein, die danach sofort wieder geschlossen werden muss. Auf diese Weise werden hohe Außentemperaturen abgehalten. Die Temperatur in der Schleuse ist niedriger als die Außentemperatur, aber immer noch höher als die im Tiefkühllager selbst. In der Schleuse werden nunmehr die Tätigkeiten der Wareneingangskontrolle zügig durchgeführt.

   Um die Kühlkette zu wahren, werden zeitliche Vorgaben gemacht, in welcher Zeit die Wareneingangskontrolle samt Entladung und Verräumung im Tiefkühllager abgeschlossen sein muss (z. B. innerhalb von 20 Minuten). Das bedeutet, dass keine Fahrzeuge entladen werden dürfen, wenn das Lagerpersonal noch mit der Einlagerung der vorangegangen Warenanlieferung befasst ist.

3. Ein Beispiel für weitergehende Standards ist der IFS, der International Featured Standard. Der IFS reicht über das HACCP-Konzept hinaus und umfasst das gesamte Liefermanagement, um Qualität zu sichern. Zu unterscheiden sind IFS Broker, IFS Cash & Carry/Wholesale, IFS Food, IFS HPC (für Körperpflegeprodukte), IFS Logistics und IFS PACsecure (Sicherheits- und Qualitätsstandards für Verpackungsmaterialien). Insbesondere IFS Cash & Carry/Wholesale und IFS Food sind für den Handel mit Lebensmitteln relevant, während die anderen vier IFS-Varianten sich auch auf den non-food-Bereich beziehen.

4. Mangelnde Hygiene und nachlässige Produktsicherheitsmaßnahmen beeinträchtigen die Qualität der gelagerten Produkte und gefährden u. U. die Gesundheit der Verbraucher. Deshalb muss (meist im Zusammenhang mit einer ISO-Zertifizierung) auch ein Hygiene- und Sicherheitskonzept entwickelt werden, dass für die Mitarbeiter im Lager verbindlich ist. Die Einhaltung muss nachgewiesen (z. B. durch Unterschrift auf dem Reinigungsplan) und vor allem auch kontrolliert werden. Im Hygienekonzept wird z. B. festgelegt, wie und in welchen zeitlichen Abständen (täglich, wöchentlich, monatlich) die Lagerräume und die Fahrzeuge zu reinigen sind. Unterbleibt die Reinigung werden Warenauslieferungen kontaminiert und verursachen wirtschaftliche Schäden für den Großhändler.

Farben und Symbole erleichtern das Verwirklichen des Konzepts. Hat ein Unternehmen z. B. mehrere unterschiedliche Lagerräume, so kann man das Reinigungsgerät (z. B. Besen) in verschiedenen Farben halten und jeder Farbe einen bestimmten Lagerraum zuordnen. So wird verhindert, dass Verunreinigungen von einem Lagerraum in den anderen „transportiert" werden.

Prüfungskandidaten sollten diese Frage mit Beispielen aus ihrem Ausbildungsunternehmen und somit aus ihrer eigenen Erfahrung veranschaulichen können.

Lösung zu Vorschlag 13: Lieferkettenproblematik

1. *[Die Lösungen sind je nach Auszubildendem unterschiedlich.]*
2. Das Hauptproblem ausbleibender Lieferungen wird sein, dass die eigene Lieferfähigkeit gefährdet ist. Die Folge könnte sein, dass wir Kunden verlieren. Ebenso hätten wir aber auch den Imageschaden bei unseren Kunden zu befürchten, wenn wir plötzlich als unzuverlässig gelten sollten, weil wir negative Kundenbewertungen erhalten.
3. Vorschläge:
   a) Wir könnten
      - die Produkte zusätzlich woanders ordern, auch wenn sie dort teurer zu beschaffen sein sollten
      - so früh wie möglich unseren Kunden die Situation erklären, sie um Verständnis bitten und sie unverzüglich informieren, wenn die Ware wieder verfügbar ist
      - den Kunden Substitutionsprodukte als Alternative empfehlen, sofern diese lieferbar sind.

   b) Vorbeugende Maßnahmen:
      - Beschaffungsdiversifizierung, d. h. unsere Bestellungen auf mehrere Bezugsquellen verteilen (negativ: Da die Beschaffungsmenge pro Bestellung geringer wird, können wir möglicherweise Mengenrabatte nicht mehr ausnutzen und der Einstandspreis pro ME steigt.)
      - Mehr bevorraten, um länger lieferfähig bleiben zu können
      - Rechtzeitig nach Produktalternativen schauen.
4. Sie fielen aus dem Angebotsvergleich heraus, weil sie entweder zu teuer waren, zu unattraktive Liefer- und Zahlungsbedingungen hatten, zu lange Lieferfristen hatten, keine guten Kundenrezensionen hatten, sie zu weit weg waren und der Transportweg zu weit oder die Transportdauer zu lang gewesen wäre.
5. Das Dilemma besteht darin, dass der Einstandspreis pro ME umso günstiger <teurer> wird, je mehr <weniger> wir bestellen, weil wir Rabatte wahrnehmen können <auf Rabatte verzichten müssen>. Andererseits haben wir höhere <niedrigere> Lagerkosten, je mehr <weniger> wir beschaffen.

Die Auflösung des Dilemmas könnte in einem **Kauf auf Abruf** bestehen. Wir kaufen die günstige große Menge ein, lassen sie aber innerhalb eines zu vereinbarenden Zeitraums (z. B. vier Monate) nur in Teilmengen liefern, je nachdem wie wir abrufen. Der Lieferer hat dadurch einen planbaren höheren Umsatz und wir ein geringeres Lagerrisiko (weil der haftet, der lagert) und wegen den geringeren Lagermengen auch keine Lagerplatzprobleme und auch niedrigere Lagerkosten.

Lösung zu Vorschlag 14: Qualitäts- und Mengensicherung

1. Zum **Kernsortiment** gehören die Produkte, mit deren Umsatzerlös wir unsere fixen Kosten decken. Das **Randsortiment** enthält jene Produkte, die eigentlich nicht zur Deckung der fixen Kosten beitragen, sondern nur ihre variablen Kosten decken brauchen. Daher sind Produkte des Randsortiments im Prinzip austauschbar, die des Kernsortiments i. d. R. nicht.

   In einer Weinhandlung sind vermutlich die Weine der sieben Weinanbaugebiete in Deutschland Teil des Kernsortiments. Cuvées vermutlich eher Bestandteil des Randsortiments, ebenso wie Weine aus neuen Rebsorten, die noch nicht so bekannt sind.

2. Der Klimawandel führt zu veränderten Trocken- und Dürrephasen. Die Folge ist, dass die Weinlese immer früher beginnt und Trauben für Eisweine kaum noch gelesen werden können. Wenn die Lese früher stattfindet, werden die Trauben auch früher gekeltert und der Wein muss gelagert werden. Das kann problematisch werden, da bis zu diesem frühen Zeitpunkt noch gar nicht genug Lagerkapazität vorhanden ist, weil der Wein aus der vorherigen Lese noch gar nicht abverkauft ist.

   Zudem sind manche Rebsorten gegenüber den zunehmenden Hitze- und Dürreperioden weniger resistent. Als Folge bauen Winzer weniger empfindliche Rebsorten an. Dadurch verändert sich das Weinangebot insgesamt.

3. Man muss die Bezugsquellen diversifizieren, d. h. die Lieferer nicht nur regional, sondern überregional bzw. weltweit suchen, um dem Risiko zu entgehen, dass regionale Missernten und regionale Naturkatastrophen das Angebot verknappen. Zudem müssen die Weinbauverbände internationale Qualitätsstandards etablieren, um die Qualität weltweit vergleichbar zu machen. Mit unseren Bezugsquellen kann vereinbart werden, dass wir nur Weine abnehmen, die ein Prüfsiegel haben, dass die Qualitätsmindeststandards dieser Klasse eingehalten sind.

4. Die Qualitätssicherung beginnt beim Winzer bzw. beim Abfüller (z. B. einer Winzergenossenschaft) und ist i. d. R. am Etikett erkennbar: Die Art des Weines muss draufstehen (Tafelwein, Qualitätswein, Qualitätswein besonderer Anbaugebiete), die Rebsorte (z. B. Riesling, Müller-Thurgau), eine Prüfziffer muss vergeben sein, das Weinanbaugebiet (Herkunftsgebiet) muss ersichtlich sein und natürlich darf die Angabe des Jahrgangs (der Lese) nicht fehlen. Fehlen diese Angaben oder das komplette Etikett oder sind Etiketten überklebt worden, müsste das bereits irgendwem in der Lieferkette aufgefallen sein. Das sog. „Lieferkettengesetz“ verlangt zudem, dass der Großhändler sich für die Bedingungen z. B. bei der Weinlese verbürgen muss, ob Sozialstandards (Arbeitszeiten, Arbeitslohn, Arbeitsbedingungen) eingehalten sind. Das ist eine Herausforderung für jeden Großhändler.

Formulare

1. Vorlage für die Prüfungsvorschläge zum Fallbezogenen Fachgespräch

Praktische Berufsabschlussprüfung
zur Kauffrau/zum Kaufmann für Groß- und Außenhandelsmanagement
vor der Industrie- und Handelskammer Mittlerer Niederrhein

Prüfungsausschuss Nahrung und Genuss

Datum:	
Auszubildende:	**Ausbildender:**
Fallbezogenes Fachgespräch (AO 2020)	

bitte ankreuzen

☐ **Reportvariante**

↓

Reportthema

☐ **Klassische Variante**

↓

☐ (FR GH) **Verkauf und Distribution**
(FR AH) **Internationaler Handel und Auslandsmärkte**

☐ **Warensortiment und Marketing**

☐ **Einkauf und Beschaffungslogistik**

bei Reportvariante:

bei klassischer Variante:

Ausgangssituation:

Leitfragen:

2. Vorlage eines Protokollvordrucks über die Prüfung zum Fallbezogenen Fachgespräch (Klassische Variante)

<table>
<tr><td colspan="2">Praktische Berufsabschlussprüfung
zur Kauffrau/zum Kaufmann für Groß- und Außenhandelsmanagement
vor der Industrie- und Handelskammer Mittlerer Niederrhein

Prüfungsausschuss Nahrung und Genuss</td></tr>
<tr><td colspan="2"></td></tr>
<tr><td>Datum:</td><td></td></tr>
<tr><td colspan="2"></td></tr>
<tr><td>Auszubildende:</td><td>Ausbildender:</td></tr>
<tr><td></td><td></td></tr>
<tr><td>Fallbezogenes Fachgespräch</td><td></td></tr>
<tr><td colspan="2"></td></tr>
<tr><td colspan="2">Die Ausgangssituation und die folgenden Aufgaben bzw. Fragen leiten das Prüfungsgespräch ein. Das Prüfungsgespräch beschränkt sich aber nicht auf die hier gestellten Aufgaben und Fragen.</td></tr>
<tr><td colspan="2"></td></tr>
<tr><td colspan="2">Vorschlag zum Prüfungsgebiet:</td></tr>
<tr><td colspan="2">Ausgangssituation:</td></tr>
<tr><td colspan="2">Leitfragen:</td></tr>
</table>

Industrie- und Handelskammer
Mittlerer Niederrhein

Niederschrift zur Abschlussprüfung
Gemäß § 26 der Prüfungsordnung

Name des Prüflings:

Prüflings-Nr.:

Datum:

Name Niederschriftführer:

☐ Mündliche Ergänzungsprüfung, Prüfungsfach:

☐ Mündliche Prüfung: Fallbezogenes Fachgespräch - Prüfungsaufgabennummer:

Frage: in Stichworten	100 - 92 sehr gut	unter 92 - 81 gut	unter 81 - 67 befriedi-gend	unter 67 - 50 ausrei-chend	unter 50 - 30 mangel-haft	unter 30 ungenü-gend	Begründung in Stichworten war-um Punkteabzug!

☐ Einzelbewertung durch den Prüfer	Gesamtpunkte:	Name des Prüfers:

☐ Gesamtbewertung durch den Prüfungsausschuss

Gesamtpunkte: ____________ 1. Unterschrift des Prüfers: ____________

Uhrzeit Beginn: ____________ 2. Unterschrift des Prüfers: ____________

Uhrzeit Ende: ____________ 3. Unterschrift des Prüfers: ____________

A

B

C

D

E

K

L

M

W

Z